菊川南陵高校に起きた、本当の話
[旧国際開洋高校]

ハイスクール・レボリューション

HIGH SCHOOL REVOLUTION

学園革命

小野和利
KAZUTOSHI ONO

菊地伸幸
NOBUYUKI KIKUCHI

太陽出版

出版に際して

学校法人南陵学園　学園長　小　野　和　利

あえて最初に申し上げておきたいのだが、文章ではなかなか伝えきれないことも多く、実感を伴ってご理解いただくことには限界があるように思う。

すでに菊川南陵高校の波乱の再建劇をドラマ化したいという話も持ち込まれている。もしかしたら少し脚色されたドラマの方が実態を伝えるためには相応しいのかもしれない。

現に、金八先生も真っ青な数々のドラマが現実に起きたのが、菊川南陵高校である。

◆◆ノブとの再会◆◆

菊川南陵高校（旧称、国際開洋高校）の理事長を引き受けたノブが、とことんまで追い詰められ、必死の形相で私を訪ねて来てから五年ほどになる。

紹介者がいたからこそ会いもしたが、聞けば聞くほど当時の国際開洋高校の置かれた状況は、破たん状態そのものだった。

「やめろ。あきらめろ、そんな状態で上手くいくわけねえだろ」

「冗談じゃねー。そんなとこに金をつぎ込む馬鹿はいねえよ」

当然のように、けんもほろろに断わった。

ところがこの菊地伸幸という男、とことん馬鹿なのか、世間知らずなのか、断わっても断わっても訪ねてくる。雨の日も、風の日も訪ねてくる。

挙句の果てに、「もう来るな」と突き放したのに、我が家の門前に座り込んでしまった。監視カメラで見ていると、なんと五日間も座り続けていた。

さすがに五日間も座り込まれては、情も移るというものだ。いまどき、まだこんな男がいたんだと感心させられた。

「分かった。協力する。ただしオレが賭けるのはお前だ。菊地伸幸という男に賭けてみる」

確かそのように話したと思う。

ところが今度は私が、取引先や今まで私を応援してきてくれた人たちから怨嗟《えんさ》の声を浴びる羽目に陥る。

「なに馬鹿なことを考えているんだ。やめた方がいい」

「あんなところへ幾らつぎ込んでも金をどぶに捨てるようなもんだ」

「せっかくここまで事業を拡げて来たのに、ぜんぶダメにしてしまう気か」


それでも私の決心は変わらなかった。

『思い切なれば、必ず遂《と》ぐるなり』という言葉がある。私が尊敬する野呂田芳成先生が自著の表題にも使っておられる道元禅師の言葉だ。このあと再開する和歌山南陵高校の校歌にもこの一節を使っている。

この言葉を思い出させてくれたノブとともに、自分も挑戦してみたいと思った。

破たんした学園の再生など、無謀な挑戦だと分かりきっていた。それでも、私の人脈と資力を注ぎ込みさえすれば、ノブならば必ずやり遂げるはずだと確信していた。

私が菊川南陵高校と菊地伸幸のために十数億の金をつぎ込んだことも事実だが、菊地伸幸という男でなければ、事業家としては一銭の金さえ出さなかっただろう。

◆◆オレもオレなら、女房も女房◆◆

「ぜんぶ駄目になっても、もともとアパート暮らしの生活から始めたんだもの、あなたがやりたいなら、それでいいよ」

妻の尚子の一言が私の背中を押した。

実は、この話には前置きが必要だ。ノブへの出資を決める直前のことだ。

とある投資話が持ち込まれた。三千万円ほどの出資の話だが、悪くはない話だった。

「三千万円らしいけど、出してくれないか?」と、聞いた。

「そんなお金、有るわけないでしょ」と尚子に一蹴された。

ノブからの相談は、そんな話の直後である。

ノブが訪ねてきたときには、尚子も同席していたし、ノブが五日連続でわが家の門前に座り込んだときも、「いまどき珍しい人だね」と感心していた。だからと言ってあまりにも突拍子もない話だ。

ノブが必要としていた金は、当面の手当だけでも三億円ほど必要だった。三千万円がだめで、三億円が大丈夫なんてことはない。ましてノブのやろうとしている学園再建がいかに無謀な挑戦かを知らないわけじゃない。

実は、今回だけではない、妻の尚子は、私が過去に躓《つまず》いたときも、何も言わず黙々と債務を返し続けてくれた。同じような思いを二度としたくないと思うのが当然だ。

それなのに、無謀な挑戦ともいえる学園再建への挑戦へ、笑って送り出してくれる妻がいたからこそ、思い切ることができた。

学園の再生過程で避けられなかったことの一つに和歌山校の休校がある。

その当時、和歌山校には十数名の生徒がいた。そのほとんどが野球部員だった。その内、白間飛翔・森戸洋行・金子誠徳は、和歌山校休校に伴い、菊川校へ転校することとなる。

ひたすら野球に打ち込む彼らを見て、私が誘ったのだ。

遠く離れた静岡県、それも地名さえも知らなかった菊川への転校には勇気がいったと思う。まして彼らの両親にとっては、イジメに合わないかなど、不安そのものだった。

ご両親を説得するために私が提案したのは、私が責任を持って彼らを見守る。そのために、我が家に引き取って、全ての面倒を見るということだった。

我が家に引き取るということは、妻が面倒を見るということだ。我が家は一気に、家族が倍に増えたのと同じ状況になった。

食事に始まり、年端もいかない高校生の相談事など、すべての面倒を妻が見ることになる。その後、しばらくして、142頁にも紹介するMRも我が家に寝泊りすることになる。さらに同じく野球部員だった、加藤隆輝と西田成治も我が家に転がり込んできた。

やがて彼らは、「いつか必ず、教職員として南陵高校に戻って来ます」という言葉を残して学園を巣立っていった。彼らをそこまでの気持ちにさせたのは私ではない。日常的に接していた妻の尚子の存在が如何に大きかったかを知らされた。

その後も様々な生徒を我が家に寝泊りして、妻が面倒を見ていた。

野球部員の山川直人・卯ノ木力也・今村一貴、昨年の水泳静岡県大会で優勝した斎藤樹里、陸上短距離で活躍する原口紗南だ。彼らの活躍ぶりとエピソードも紹介したいところだが、紙面の都合で割愛せざるを得ない。

後漢書に『糟糠の妻は堂より下さず』という言葉がある。今では「糟糠の妻」の部分だけが独り歩きして、共に苦労した妻のことを指している。その後に続く「堂より下さず」は、たとえどれだけ立身出世しようと手放せないという意味だ。

私にとっては手放せないどころではない。妻なしでは今の私は無いし、今後も妻なしでは何もできないように思っている。

ちなみに私は妻を、敬意を込めて「尚子さん」と呼んでいる。

◈◈ まさにドラマだった ◈◈

その後も彼は毎朝のように私を訪ねて来た。事細かく報告する彼のまっすぐな姿勢が頼もしくもあり、同時に余りにもまっすぐ過ぎて不安になることもあった。そんなノブの奮闘ぶりを見続けていたからこそ、この間の経緯を記録に残すべきだと思った。

この一、二年、「今までの経緯をまとめろ。本を出せよ」と、ノブに言い続けてきた。

ノブが何を思い、どのようにしてきたか。私が見聞きしてきたこの間の紆余曲折は、ドラマそのものだった。

「オレの趣味は、鷹と鯉と菊地伸幸という男だ」

いつ頃からだろうか、会う人ごとに私が言うようになった。詳しい経過は本文に譲るが、菊川南陵高校再建のために飛び回るノブを見ているだけで楽しくもなる。

実は今では、私の事業もすべてノブに譲り、彼がどこまでやれるのかを見続けている。どうしてそこまで面倒を見るのかと問われることも多いが、こんなに楽しいことはないとしか答えられない。

まさにノブの成長ぶりを見ることが、私の趣味になったとしか言いようがない。


ノブから次々と原稿が届き始めた。ただし忙しい彼だから、新幹線の車中から、あるいは会議の合間に、断片的に送られてくる。

時として、話がぶっ飛ぶこともあれば、気持ちは分かるが、論旨不明の文章も多い。学のない私でも、こりゃ日本語になっていないと思うことが多々あった。

さらには学園再建に伴う人間関係は、曰く言い難しのことも多い。そこまで書いちゃマズいぞと思うことも多過ぎる。原稿に手を入れては、送り返す日々が続いた。

本書は、最初は菊地伸幸の本として出すつもりだった。ところが、ここまで私が加筆訂正を加えたからには、私にも責任がある。あえて共著として、私も文責を負うことにした。

◆◆新たなる峰を目指して◆◆

すでに菊川南陵高校は、和歌山南陵高校の再開も目鼻が付きつつあり、再建は仕上げ段階に到達している。とは言え、ここまで来たからには、さらに高みを目指したい。

「やるからには日本一を目指せ」「どこにもない学校を目指せ」

そのようにノブには言い続けている。そのためには私の全財産、今まで培った人脈のすべてを注ぎ込んでも悔いはない。だからこそ、私の事業のすべてをノブに譲った。

すでに怒涛の進撃を始めている。当然、各界からのご協力者の方々がいればこそ可能になる。ここで、地域と学校の一体化への取り組みや、今後の全国を視野に入れた南陵高校の発展のために、次のような方々にご協力いただいていることをご紹介しておきたい。

評議委員会　（委員長）川村正吾氏　（副委員長）永井啓敦氏

応援企業会　（会長）　兼古光利氏　（副会長）　森下敏顯氏
学校評価委員会　（委員長）内山力夫氏　（副委員長）黒田淳之助氏

すでに早や五年になる。わずか五年ともいえるが、その間、言葉では言い尽くせないほどの紆余曲折があった。前記の方たちへかけた多大なご迷惑と、物心両面で受けたご協力は、筆舌に尽し難い。

また、まじめ一方のノブの手に負えない事柄も山積みだった。

時には私が前面に立ち、時にはノブがあずかり知らぬところで根回しをおこなった。旧縁をたどり、政治家の方々のお手を煩わせたこともひとかたではない。

それぞれ国政の中枢を担っておられる方たちで、一私学の行く末など案じている暇もないような方たちばかりだが、私の無理なお願いにも快く、お時間を割いて下さった。

本来ならばこの場で、お一人ひとりお名前を記してお礼を申し上げるべきところなのだが、私のお願いが、時として常軌を逸した無理難題の場合も多かったゆえに、痛くもない腹を探られることのないように、ご芳名を記さないことにした。

改めて御礼申し上げると共に、失礼の段はお許し願いたい。

●プロローグ●

悪ガキ二人、教育者になる

「オマエが、菊地かー」

一歩前に出た小野和利に、にらみつけられた。

……ヤバイ、焼津の小野だ……

緊張が走った。一番会いたくない相手だった。

焼津の暴れん坊、小野和利の名前は知られていた。隣町、私の住む藤枝にも噂話が流れてきていた。

ケンカ相手をボコボコに打ちのめし、砂浜に頭だけ出して埋めたとか、気に入らない先輩のバイクをバラバラにしてばら撒き、おろおろと部品を拾う先輩を、高みの見物で笑いながら見てただとか、ともかくも話題に事欠かない暴れん坊だった。

私、菊地伸幸は当時、中学三年生。焼津の小野ほどではなかったが、一応は一目置かれる存在だった。

最初のグループ同士の対決は、幸いにも乱闘に発展することなく治まったが、これ以降、焼津の小野がいると聞けば、近寄らないようにした。


中学、高校と野球に明け暮れた私は、就職も野球が縁だったが、二十歳で野球人生にピリオードを打つ。そして二十一歳で父との約束もあり、空手道場に入門した。

その後、若くして起業に取り組むが、あえなく挫折。ただその間も空手に精進し、やがては東海四県のチャンピオンの座を射止めるまでにはなれた。

その空手が縁で、空手部監督、寮監兼務の職にありついたのが、現在私が理事長を務める菊川南陵高校の前身、国際開洋高校だった。


詳しくは本文に譲るが、それから二十年近く過ぎたころ、ひょんなことから学園理事長を引き受ける羽目に陥る。やる気はあっても財力の伴わない私は、死に物狂いで協力者を求めて東奔西走する事態に追い込まれた。

刀折れ、矢尽き果てたと思ったときに、再び出会ったのが、元焼津の暴れん坊、小野和利氏だった。すでに小野和利氏は事業家として大成。これまた地元では知らぬ人さえいないほどの存在になっていた。

二人が再会したのちの経緯もまた本文に譲るが、とにもかくにも小野和利氏の協力を得られることとなり、小野和利氏は学園長として、そして私は理事長として、元悪ガキ二人の二人三脚が始まる。

何しろ元はヤンチャが過ぎた二人だ。学業の方も言わずもがな、落ちこぼれの部類に属する。大学なんて縁がなく、本を読み始めるとすぐに上の瞼と下の瞼が合体する。ただ一つだけ言えることは、ヤンチャの過ぎる悪ガキや、学業不振の落ちこぼれや、不登校の生徒の気持ちは人一倍分かるということだ。

私もそうだが、小野学園長を見ていると、彼らの中にまっしぐらに飛び込み、まるで自分のことのように夢中になってしまう。

野球部の活躍もあり、菊川南陵高校が話題に上る機会が増えて来た。卒業生がたった三人にまで落ち込んだ高校が、わずか四年で活気溢れる学園となった。それでも、小野学園長との約束もあり、さらに日本一の学校を目指している。

私たちの学園が目指す日本一とは、学業成績が日本一だとか、ブランド評価で日本一だとか、そんな姑息《こそく》なものではない。

生徒たちが、この学校に出合ってよかったと思う気持ちが、日本一の学校だ。

私や小野学園長が若かったときと同じような生徒たちが入学してくる。自暴自棄になっている生徒もいる。中学時代は不登校だった生徒もいる。学業不振で自信をなくしている生徒もいる。そんな子供たちのためにこそ、我が学園はあるし、それが教育というものの本質だと思っている。

彼ら彼女らの瞳の奥に、遥か昔の私たち二人の残像を見ることができる。だからこそ我武者羅に、我が学園の再建に取り組んできた。

今までも泣き笑いの人生だったが、多くの子供たち、生徒たちを得た現在、ますます私たちの泣き笑いは激しくなるように思う。先ずは本書にて、これまでの紆余曲折と、私たちが自慢する我が校の生徒たちの成長ぶりを知ってほしい。

目次

出版に際して（小野和利）／3
プロローグ　悪ガキ二人、教育者になる／13
第一章　ある日突然、学校経営者／19
第二章　あえて、この学校の前身を語る／41
第三章　地獄の底で閻魔さまに出会う／61
第四章　内紛、再建までの荒波／75

第五章　変わり続ける生徒たち／91
第六章　民事再生手続きに向けて／107
第七章　問題があるから、私たちの使命もある／121
第八章　先生と生徒と、監督・コーチと生徒と／137
第九章　野球部が突破口を開いてくれた／161
エピローグ　どこにもない学園を作る／186

第一章

ある日突然、学校経営者

私は学校教育には無縁だった。それどころか子供のころは落ちこぼれ。中学、高校時代は野球に明け暮れ、その野球で就職した。その後は独立するものの、事業に失敗。父の財産も使い果たした。唯一誇れるものがあるとすると、二十歳から始めた空手だけかもしれない。

行き詰まった、国際開洋高校

平成二一年暮のある日、国際開洋高校のX氏から時間をとって下さいと連絡を受けたことが始まりだった。

久しぶりに会ったX氏には、いつもの明るい笑顔がなく、肩を落とし「いよいよ学校が運営できません」と一言つぶやいた。

現在の菊川南陵高校の前身である国際開洋高校のX氏は、十数年前、この学校の空手部顧問を受け持っていたころの新任教師であり、当時私の指導下で空手も黒帯を取得した。学園理事長の親族である亜樹さんと所帯を持ち、学校の実際の運営は、この夫妻がおこなっていた。

「あまり時間がないが、現状を教えてくれないか?」

私は菊川市にある空手道場の忘年会に出席するため、ビジネスホテルにチェックインして、忘年会会場に向かおうとホテルのロビーに降りたときだった。

話を聞いてみると私が想像する以上に悪化していた。教頭のX氏は六～七ヶ月分の給与の遅配、さらに個人名義でも借入し、学園に数百万円を貸し付けている。

全校生徒数は一年生一九名、二年生二名、三年生一八名の計三九名。誰が考えてもこの学園経営は非常に難しいと判断する。

さらに某コンサルタント会社と再建に向けての契約を締結しており、契約金は七千五百万円とのこと。また契約締結後、この会社の社長から一千万円を学園が借入れている。契約書の内容は想像通り一方的な内容になっていた。

「貧すれば鈍する」とはよく言ったものだ。資金を調達しようにも、こんな状況では誰が出資するものか。どの金融機関でも門前払いだろう。

自分の弟子（空手の弟子）が苦しんでいるのに、とても見過ごせない。後日、早々に時間を調整して会う約束をした。

私にも地獄をさまよった時期がある

私は現在、老人介護施設、事業所七ヶ所と一級建築士事務所、不動産業の代表取締役を務めている。若いときに事業に失敗し、父親の財産はすべて私の借金返済に消え、家族には貧乏な暮らしをさせ、自殺を考えたことさえあった。こんな自分でも、多くの人が支えてくれて、今がある。

縁があり、今の会社の株主に支援していただき、スタッフ七十名、年商四億円にまでなった。まさにどん底からの再出発だったが、支えてくれた多くの人たちがいたからこそ、会社も自分も成長できた。

思い出せばこんなこともあった。銀行からの借入れの返済ができず、頭を抱えていたときだ。その銀行の次長だった杉浦さんから電話があった。

「菊地くん、食事に行くから自宅に迎えに来てくれ」

「どうせ飯もまともに食べてないんだろ」

寿司屋でご馳走になった。

食事を終え、杉浦次長を自宅まで車で送って行った。降り際、助手席の足元に三万円落ちていた。

「ほら、金を大事にしないから事業に失敗するんだ」

「三万円あるんだったら、明日銀行に持って来て返済しろよ」

明らかに杉浦さんが置いて行ったお金だった。翌日が銀行への返済日、三万円の返済日だったのだ。

何日かして、また食事に誘われた。

「あと数年で、俺も退職だよ」

「退職したら、俺は会社を設立する。そのときはお前、俺の会社で働け」

誰が見ても完全な死に体状況に陥った自分を評価してくれるのか。杉浦さんの前で号泣したことを思い出す。

国際開洋高校は、私にも無縁ではない。十五年前まで空手部の監督や寮監を務めていた。その当時の教員や生徒の顔が思い浮かぶ。

何とかしなくては。でも、どうすればいいんだ？　どこから手を付ければいいんだ？

私の力なんてたかが知れている。会社は軌道に乗ったとはいえ、私の財力なんて微々たるものだ。

さて、どこから手を付けよう？　まず思い浮かんだのは、今までお付き合いいただいた方たちのことだった。

人生の復活のために一番必要なのは人脈だと、常に人と会い、人の話を聞くことを心がけて来た。気がつけば自分の周りにいろんな人たちがいてくれるようになった。

まず県会議員に相談を持ち掛けた。「来週の水曜日に議員控え室に来てください」と言われた。水曜日、控え室には会派の議員十名がスタンバイしていた。

県の国際開洋高校への評価は低く、補助金も払える状況にないとのこと。学校法人の運営を抜本的に改革するための中期計画の提出を求められた。

抜本的な改革とは、まず理事長、理事の見直しだろうと思い、理事長であり校長でもあるI女史に会いに池袋へ向かった。

I女史は、「誰か法人を受けてくれる人がいれば」と同席した永井啓敦次期理事とともに私に訴えて来た。

理事長交代

平成二三年三月、卒業式を終えたころ、私が出席も承諾もしていないのに、理事会にて理事長に選出された。以前にコンサルタント契約をしたコンサルタント会社への対策や、このコンサルタント会社への一千万円の返済、資金繰りなどで困り果てたI女史が私を推薦したのだろう。

こうなれば気を引き締めて取り掛かるしかない。登記のために理事長印を引き継ぎに、再度池袋に出向いた。

I女史と話していると、うさん臭い関西弁のWさんという人が現われて、私に名刺を差し出した。「顧問のWです」と言う。名刺にはI女史の事務所顧問とある。

W氏は、私と二人だけの時間を見計らい、「理事長交代の登記が終わったら、ワシに手数料を払え」と要求して来た。X氏にも三千万円を要求したらしい。

ただ横に付いているだけなのに、冗談じゃない。

理事長印をなかなか渡さない。今ごろになって、理事長交代の条件を出して来た。

「I女史を含む全員の保証を外すこと」「ワシに幾らか現金をよこせ」

国際開洋高校には、公的金融機関二行に元金で三億円ずつの借財がある。この借金を何とかするのが先だろうと思いながら、「形ができれば少し考えます」と答えた。

自民党本部で弁護士立会いの下で覚書を交わした。結局、理事長印を預かったのは夜も更けた十一時だった。

翌日急いで法務局に足を運び、県からの課題だった三月末までの登記に何とか間に合わせることができた。

理事長初仕事

平成二三年四月、新一年生二十名を迎え、入学式が終わり、職員会議に出席した。理事長就任の挨拶と今後の方針を職員全員に伝えた。

「私には、資産も財力もない。みんなで力一杯闘おう」としか言えなかった。新人職員も私の話に耳を傾け、うなずいてくれた。

その後、永井理事、X氏夫妻と共に和歌山校に出向いた。

国際開洋高校は、静岡県と和歌山県に同じ規模で姉妹校が存在する。静岡校も田舎にあるが、こちらはそれを超えるほど辺ぴな地域に高校が設立されている。

静岡校と同じように、さっそく職員会議を開いた。

職員の反応は、静岡校とまったく違った。始めて会う職員から、いきなり罵声《ばせい》が飛んで来た。

「今までの給与の遅延分は、遅延損害金と一緒に即座に支払え！」うんぬん。

「みなさまにお言葉を返しますが、このような学校経営にしたのは、あなたたちですよ。前理事長だけの責任ではありません。職員一人ひとりが責任を持った業務がなされていたのですか？」

この教職員たちは、理事長が生徒を確保し、資金を運んでくると勘違いをしている。多くのサラリーマンもこれに似た考えを持っているような気がする。戦後守られすぎた結果のように思う。特に公務員、学校職員は、まったくこの限りとしか言いようがない。

もっとも過去に学校法人が破綻した例はあまりない。

だが、これからの日本はそうもいかない。ＪＡＬや大手商社、大手金融機関などでも、現実に誰もが想定しない破綻劇が起こっている昨今だ。

さらに私が再建しようとしている私学高校は、少子化という極めて難しい状況下にある。職員が一致団結して、この状況を打破しなくてはならない。


まずは強い理事会の編成を考え、私の人脈の中から人選をおこなった。弁護士の長野哲久先生にも理事に就任していただいた。

タイミングよく、コンサルタント会社が弁護士に依頼し、貸付けの一千万円の請求と契約解除に伴う損害金の請求の訴えが届いた。弁護士同士の話であれば、無謀な請求もされないであろうと安心した。

その結果、一千万円の返済と数百万円の契約解除に伴う違約金の支払いで済んだ。しかし千数百万円もの資金はどこにもない。

理事である明管工業のK社長にお願いして借り入れることとなった。理事全員で保証をして、資金の借入を行った。

K社長には、「会社の金は俺の金ではないので、役員会の理解が必要だ、俺の退職金を担保にし、俺自身も保証をする」とまで言っていただいた。

このとき、もし私に信用・信頼がなかったら、資金は調達できなかったと思う。日頃、どんな人にも謙虚で真面目に接触していなければならないことを実感した。

採算の取れない学園経営

全校生徒三九名の高校の運営がどんなに苦しいか、身に浸みた。毎月月末には資金が足りない状態だった。

三九名のうち、半数が授業料無料の留学生で、そのまた残りの半数が野球部の特待生だ。要するに、まともに授業料を納入する生徒は十名足らずだった。

学校経営は、四月に新入生が確定すれば、その年度の収入はほぼ決まってしまう。次年度の新入生獲得を考えながら、転入生の獲得も考えなくてはならない。

苦しくても来年、再来年に新入生が多く入学することをイメージし、必ず再生ができると信じて、資金調達、生徒募集、教職員の意識改革、在校生の教育のすべてを全力でおこなった。私自身、こんなに働いたことがないほどだった。

周りの人は私に、「いつも忙しくて、大変ですね」と声をかけてくれる。確かにスケジュール調整が難しいことも多いが、本当に忙しいのかと、いつも考える。

たとえば、釣り好きな人は休みのたびに釣りに行き、パチンコの好きな人は空き時間のほとんどをパチンコで過ごす。こんな人たちに「忙しいですね」とは言わないだろう。好きな趣味に没頭することを忙しいとは言わない。

私自身、再生したあとの学園の姿を考えると楽しくてたまらないので、まったく忙しいとも、苦痛とも思わないのだ。と言うより、そう思うように心掛けている。

毎日自宅に帰り一日を振り返る。朝から夕方まで本当に効率よく仕事ができた日は非常に少ないのが実態だ。空手の現役選手のときも同様で、一年間、我武者羅に稽古に打ち込んだ年はなかった。どこかにズルさや甘さが残っている。まだまだ仕事を入れることが可能だと思っている。

借入先の住宅支援機構には、残元金三億円と未払利息、それに遅延損害金二億五千万円がある。また、私学振興財団に残元金二億四千万円と未払利息、遅延損害金二億円ほどが残っている。平成十八年より、まったく返済していなかった。契約利息は昭和六三年より七・二％と高い金利のままだった。

業者への未払金だけでも、和歌山校が約三千万円、静岡校が約二千万円もあった。

一番効いたのが職員の給与遅配だった。就任直後に和歌山労働基準監督署より呼び出しがあり、是正勧告を受けた。

「前体制の遅配金だよ」とは思っても、今の理事長は私である。

それでも、やるしかない

三十九名しかいない全校生徒、教職員の給与は遅配、借金は十億円を超える状態。この状態で再建に踏み込もうとしたとき、たいていの人は「無理、絶対無理」と言うだろう。

現に私が各企業を回り、助けを求めたとき、各企業のトップの人たちは口々に、「菊地、手を引け」と、みんなが口を揃えた。

おそらくほとんどの人は、当面の収入が見込めない中での十億円の借金返済と、差し迫った今後の運転資金、修繕費の調達を考えれば、足がすくんでしまうのが当然だ。

それでも私は、理事長就任の話が来たとき、こう考えた。

一．少なくともこの学校を必要とした三十九名の学生がいた。それならこれまで、どのような営業活動をおこなってきたか調査しよう。学校の教職員には、民間企業のような営業ノウハウはないはずだ。おそらく大したことはやっていないだろう。待っているだけで三十九名の生徒が獲得できるのならば、私が過去に培ってきた営業ノウハウを駆使すれば、もっと多くの新入生を獲得できるはずだ。

二．過去に私は、まったく資金も財産もなく、老人介護施設（老人ホームアグリ大東、老人ホームアグリ大東結など）を開業した経験がある。

これは日本経済が低迷する中、投資家たちが今後何に投資すべきか考えていた時代だったからだ。私は老人介護市場を徹底調査し、この業界に踏み出した。

投資家に施設建設を依頼し、家賃で利回りを確保していただく建て貸しである。現在は株式会社ライベント介護という会社で、七つの事業所で年商四億円を稼ぐまでに成長した。

自分たちがいくら努力しても、自分たちの力だけでは、億を超える資金は捻出できないだろう。学校法人も同様だ。投資家たちに投資してもらうしかない。

さらに、現在の日本では、私学高校の新規設立はほとんど認められない。これはチャンスかもしれない。どのような学校経営をやりたいか。青写真さえ描けば、自分の人脈をめぐり、資金調達はできる。

これこそ千載一隅のチャンスだ

教職員を集め、ミーティングというよりヒヤリングを始めた。

私が思っていたとおりだった。中学校へのアプローチは、ただ訪問しているだけだ。その中学校の、どの先生がキーマンかを考えたこともなく、行き当たりばったりで訪問し、その場にいた中学校の先生に名刺を置いてくるだけだった。

本校が他校との差別化をするために、どのような学校教育をしなければならないか考えたことがない。

資金が回らず、何も言わずに出入りの業者に支払いをせず、未払いにしてしまう。管理職は若手教員に過酷な業務を押し付けて指導と言い、感情的に怒鳴っている。

生徒数、教職員数が少ないことを理由に、校舎、寮は汚く汚れたままである。授業料などの入金は、当然支払額を下回り、支払計画がない。人員不足なために素人の教員が事務処理をしている。

数え上げればキリがない。この状態は、私にとってチャンスである。やることをやらず、努力することをせず、解らないことを放置する。であれば、やることをやり、努力し、解らないことを研究すれば、すべて解決する。

こんな状態でも毎年、数人の生徒が入学してくる。今後、魅力ある学校作り、すなわち学校の「売り」を構築していこう。

どのような学校にするかを考えた。

高校からでも間に合う教育の実践

「売り」の一つ目は、「高校からでも間に合う教育の実践」だ。これは私にとっては、他人事ではなかった。私自身が落ちこぼれ生徒そのものだったのだ。

私が小学校六年の三学期を過ごしていたころ、担任の先生が、教科書が落ちていたと自宅まで届けに来た。すべての科目の教科書、すべて新品のままで、一度も開いた形跡がなかった。

私は授業時間中、ただただ椅子に座っていただけだった。勉強する気もなかったし、先生の話もチンプンカンプンだった。

中学に入り、始めての中間テスト。まったく解るワケがない。当然のように、ほとんどの教科が零点だった。

隣りの席には、私が大好きだったSさんがいた。彼女は優秀な子で、いつもテストはトップだった。テスト結果が廊下に貼り出され、このままではマズイというより、彼女に笑われたくなくて、勉強するようになった。

毎日六時間、ゆっくり勉強する時間を作り、これが習慣になって少しずつ授業が理解できるようになった。学期末テストでは、若干点数が上がった。当然点数が上がれば順位も上がる。それが嬉しくなった私は、順位を上げたいと思い、これが目標になった。

中学一年生時にほとんど零点だった私が、現在三社の代表取締役を務め、私立学校の理事長に就任している。

学生時代には成績不振でも、みんな同じように将来のチャンスがある。そのスタートラインは、誰が決めるわけでもない。これから努力すれば、誰にでも可能性がある。

義務教育を終了したあと、このままではいけないと思ったら、今から努力すればいいだけだ。そのことを「売り」の一つとして、「**高校からでも間に合う教育の実践**」を掲げた。

今の菊川南陵高校では、学力の低い者も、優秀な者も、毎日朝の二十分間、基礎学習を徹底している。これは学力の基礎である「読み書き計算」の復習だ。昨今では、大学生なのに九九ができない学生がいると聞く。

学力不振にもかかわらず、基礎学習を飛ばして、いきなり高度な高校の授業にチャレンジしても何も意味がない。あわてず、ゆっくり学習する機会を設けた。

「応援企業会」という地元企業との連携

「売り」の二つ目が、「応援企業会」の設置だった。

現在、高卒の就職率は八三％と低迷している。静岡県内の高校受験の傾向は、農業高校や工業高校の倍率が上がってきた。将来の就職を考えての選択だろう。

高等学校というところは、社会人になる前の、世間に一番近い位置にある教育現場だ。社会人として通用する、自立した大人を作るための教育機関ともいえる。

「今の若者は」、よくこのような言葉を経営者や管理職の方が口にする。いつの時代でも、「今の若者は」と言われてきたようだが、果たして現実はどうか？

先日ある経営者と面談し、本校の生徒の雇用を考えていただきたいとお願いした。その経営者から驚くような言葉が漏れた。

「とりあえず、毎日出社できる人が欲しいですね」

毎日出社するのは、当たり前ではないのか？

私は常識と思っていたが、そうではないらしい。自己中心的というか、我まま、忍耐力がないというのか、そのような若者が少なくないらしい。

どんな生徒も卒業すれば、たとえ進学しようと、必ず社会人になってしまう。ここで我が校の「売り」の二つ目が決まった。

地域の企業に応援をお願いし、共に生徒を育てていくシステム作りを進めよう。教員と企業が連携し、生徒の教育をおこなうこと。「**常識ある社会人の養成をおこなう高校**」が二つ目の売りだ。

どこにもないような「充実した部活動」を

「売り」の三つ目は、「部活動の充実」だ。

今の私があるのは、少年時代から野球を続け、高校の野球部では厳しい練習を経験し、そんな仲間との友情を育て、二十歳からは父親に半ば強制された空手の鍛錬があったからだと思っている。

各企業が雇用条件の一番に挙げるのが、運動部出身の生徒だ。

部活動は、仲間の部員と共有できる目標が明確である。当然、高校の部活動が活躍することができれば、高校の良いイメージが世の中に知らされることになる。

生徒たちが部活動に参加するときに、何を期待しているのだろう？　優れた指導者と、恵まれた環境だと思う。

詳しくは後ほど紹介するが、本校は、次々と一流の指導者を招くことができた。どんな生徒も一流の指導者や競技で活躍したコーチの指導を受けることができる。

勘違いしやすいことだが、とかく学校の名前を売るために、優秀な選手を特待生として獲得し、甲子園・インターハイ出場を目指す学校が多い。もちろん校名を売ることも必要だが、初めてそのスポーツに興味を持ち、チャレンジしようとしている生徒のために、一流の指導者から指導を受けられることにこそ意味がある。

それぞれの競技で、実績も経験もない生徒が、適切な指導を受け、将来、一流校を撃ち破ることができたとしたらどんなに素晴らしいことだろうか。

高校の三年間、集団教育である部活動を真剣に取り組んでもらい、目標を設定して、何ごとにも諦めずにチャレンジする心を養ってもらいたいと願っている。

もし新規に学校法人を設立したら、このようなことが直ぐできるだろうか？

土地の取得、校舎の建設、体育館やグラウンドの整備。おそらくは最低でも数年かかる。そのための膨大な費用を考えると不可能に近い。

でも、この学校にはそのすべてが揃っている。校舎、体育館、学生寮、グラウンド、屋内プールがある。優秀な監督、コーチも揃えることができた。

まずはこの学校の「三つの売り」を掲げて邁進しよう。特色のある学園になれば、生徒も次々と来るはずだと考えた。

第二章

あえて、この学校の前身を語る

菊川南陵高校の前身、国際開洋高校との出合いは二十年ほど前、空手部の監督に就任したことからだった。学校は荒れていた。想像を絶するほど荒れていた。この学校の名誉に関わることだが、大きく変わった今だからこそ、語ることができる。

空手部監督兼寮監に就任

平成七年、私が三十一歳のときのことだ。国際開洋高校で空手部の監督募集があった。面接に行くと「寮監もお願いできないか」と尋ねられた。

後述するが、当時の私は長女が生まれた直後であり、空手指導やアルバイトに飛び回っていた。寮監と空手部監督ならば、朝に生徒を授業に送り出して、夕方から空手部の指導をすればいい。だったら昼間はアルバイトに行けると二つ返事で引き受けた。

当時の国際開洋高校は全寮制、二三〇名ほどの男女の生徒が生活をしていた。

就任して直ぐに、この学校が私を寮監にした意味を悟った。

タバコは吸うは、酒は飲むは、寮は生徒たちの無法地帯と化していた。それなのに当時の教員は、誰も指導することができなかった。

先生が注意をすれば、夜中にその先生の車をボコボコにしてしまう。さらには、タバコを吸わない教員が毎日のようにせっせとタバコを買って来て、生徒に配ってご機嫌を取る有り様だ。

勤務の初日、寮務室で当直の先生と話をしていた。

気が付くと夜の十一時を過ぎているのに、生徒の部屋には明かりが点いている。

「消灯時間がとうに過ぎていますよね。生徒の部屋は消灯しないのですか?」と尋ねると、「菊地さん、一緒に見回ってくれますか?」。

その先生は私の背後について来た。最上階の四階の番長格のいる部屋に入ると、生徒が車座になり酒盛りをしている。

「こら！　何をしているんだ！」

私が大声を上げると、数人の生徒が私に酒の瓶を投げつけて来た。

なるほど、私に職員として寮の勤務を薦めた訳はこれだなと理解した。

オレが番長になるしかない

生徒たちは、昼休みは寮に戻り、寮の食堂で昼食を摂る。

食事が終わると堂々とくわえ煙草で廊下を歩いている。消さずにそのままタバコを廊下に捨てるので廊下の床は多くの焦げ跡が残っていた。

ベビーサンダーでその焦げ跡をセッセと削り落とした。くわえ煙草の生徒からタバコを取り上げ注意すると、元気良く私に殴りかかって来た。

この子たちを何とかしなければと、私は考えに考え続けた。

そうだ！　手っ取り早く、私がこの子たちと生活を共にして、番長になってしまうしかない。短絡的かもしれないが、この方法しか考えつかなかった。

ある日の夜、寮務室で休んでいた私に十名ほどの生徒が角棒を持って襲いかかってきた。

私には空手の心得があり、どうってことはなかった。番長格の生徒三人をその場で叩き伏せ、全員を座らせた。

「お前たち、このままでいいのか？　何のために高校へ進学したんだ」

「俺も昔は、お前たちと同じだった」と話すと、生徒たちは少しずつ口を開き、親や先生への不満を言い出した。

この日から毎日、生徒の部屋で共に寝ることにした。朝、生徒が学校に登校した後に部活の時間までアルバイトに出かけた。

余談だが、その当時のことだ。寮監を引き受ける前も昼夜なく働いていたが、ますます家には帰れなくなる。その二年前に私は二十九歳で結婚し、長女が誕生していた。家族三人で焼津市内に家賃四万円の古い一軒家を借り、質素に暮らしていた。

家具を買うお金もなく、粗大ゴミの回収日にゴミ置き場に行き、捨てられていた家具を人の目を盗みながら持ち帰った。

昼夜なく安い賃金で毎日働いていたので、長女のオムツを替えたことがない。お風呂に入れたこともない。共稼ぎで、それでも女房はよく頑張っていた。

ある日、長女を保育園に迎えに行った。ところが長女は、私の顔を見て逃げてしまった。

「失礼ですが、本当にお父さんですか」と保母さんに問われたときは唖然とし、免許証を見せてようやく信用してもらった。

退学させればいいってもんじゃない

何度も喫煙で生活指導された紀昌君が、いよいよ退学と職員会議で決定した。紀昌君はヤンチャな生徒だが、元は優秀な県立の付属中学から入学して来た。

「菊地先生、僕はもうダメです。ありがとうございました」と挨拶に来た。

先生たちは口々に、彼を悪人のように「あんな生徒は本校にいない方がいいんだ」と言う。この言動には腹が立った。

「この生徒を入学させたのは、あんたたちだろ」

「入学させて二年間も教育してきたのはあんたたちだろ」

「俺が面倒を見るから退学を撤回してくれ」

私は職員室に行き、教頭と話をした。

退学が撤回されたと聞いて、紀昌君は涙声で「先生、ありがとうございます」と言って来た。その後紀昌君は、見違えるほど勉強に打ち込み、毎日、寮務室の前のホールで深夜二時まで学習していた。

その紀昌君は、番長格の一人だった。私が寮生活の指導をおこなうときは、いつも私の横にいるようになり、急激に荒れた寮が改善されて行った。

グレた生徒を退学させても、次に頭角を表す生徒が出てくる。グレた生徒を退学させずに、そのヤンチャな力を良い方向に使うように仕向ければ、この子たちも喜んで行動する。きっと将来、社会に出る上で必要なことを見つけられるだろう。

結果、紀昌君は見事に希望した大学の建築学部に合格した。大学生になってからもときどき、私のところに遊びに来た。

それでも問題が山積みだった

発達障害といわれる子も多かった。二桁の足し算、引き算もできない子や、自分の名前を漢字で書けない子など、学力障害や学力不振の子も多かった。

夜、寮の一本の電話が鳴った。警視庁からだ。

本校の生徒が山手線を停めてしまったという。さすがに、これには驚いた。車で高速道路を走り、品川警察署に到着し、女子生徒を保護した。帰宅する車中で生徒と話した。キンキキッズに会いたくて東京に来たが、どこに行ったら会えるのか分からなかったので、線路を歩いていたとのことだった。

女子生徒Aちゃんを自宅まで送り、ご家族と話したが、対応したのはAちゃんのお祖父さんだった。

そうだ、学校職員の誰一人として、この子の両親に会ったことがない。Aちゃんは、幼い頃に両親がいなくなってしまったようだ。

その後もこの子はいろんな問題を起こしてしまった。

その当時、月イチで学校の近所の居酒屋で一杯やることが私の楽しみだった。

その居酒屋の大将が、「おたくの生徒がよく来てくれたよ」。生徒が寮を抜け出し、酒を飲みに居酒屋通いをして、タクシーで寮まで帰っていたという。

生徒も生徒だが、酒を飲ませる店もどうかしている。タクシーの運転手もだ。こんな風に大人が黙認するから、生徒がやりたい放題だ。

放置できないことだらけだった。

挙句の果てに、白い粉

寮監として生徒と寝起きを共にしていた二年目の夏に、事件は起こった。

六名の生徒たちが毎朝起きられず、朝食も摂らない。

顔色が悪く、歩きながら唾を吐いていた。

この生徒たちの異変に気付いた私は、当時生徒指導主任だった竹下先生に連絡を取った。

「責任は私が取りますから、彼らの持ち物チェックをさせてください」

生徒たちが通学のために校舎へ向かったことを確認して、後輩の稲田春己と共に、この六名の部屋を調べに入った。何もないことを祈りながら……。


最悪の事態だ！　アルミホイルで作った容器のような物と白い粉が出てきた。

再度、竹下先生に連絡を取り、寮まで駆けつけてもらった。

三人で議論し、まずは当時のI理事長に報告し、同時に警察に報告した。

当然、大事件である。連日、報道各社が学校を取り囲むような大騒ぎになった。空には報道ヘリが音を立てて旋回していた。

当時、国際開洋高校には過年度生（中学校卒業後、一年以上過ぎてから新入学する生徒）も多かった。少年院からの生徒、保護観察付きの生徒などさまざまいて、このような生徒たちが寮に白い粉を持ち込み、大事件となってしまったのだ。

当然、この六名は退学処分となる。どんな生徒でも受け入れ、立派な社会人に育成することは大切であるが、力及ばずと言ったところだった。

地元公立高校の校長を退職された先生の校長就任初年度のことだ。新校長が表に立ち、頭を下げている。傍目に見ていても、誠に切ない限りだった。

大きく報道されたこの事件もあって、国際開洋高校の評判は地に落ち、ますます地元地域からは白眼視されるようになった。

なぜこんな学校になったのか

前にも述べたように国際開洋高校は、全寮制であることを特徴にしていた。

その寮は、最大四百名が生活できる四階建てだ。寮費は月六万円と、高くもなく安くもない。しかし授業料と合わせると月に十万円はゆうに超えてしまう。全寮制であるため、学校の近くの生徒でも寮費を払い、寮生活をしなければならない。

当時、すでに少子化が叫ばれ始め、日本経済も低迷していた。これからは全寮制を選択する生徒は少なくなる。

私は感覚的に、全寮制が特色で、売りではあるが、生徒募集は難航するだろうと感じていた。数年でこの学校は大変な状況に陥ると感じ、同僚の教職員に常に話していた。

賞与が減ってくる中、教職員は愚痴を漏らす。

私は「沢山の所得を得たければ、個々に努力して生徒を獲得しなければ」と話すのだが、当時の教職員には、その考えはまったくなかった。

生徒は理事長が確保してくる。給与、賞与は理事長が払う。公立学校の場合は、生徒が少なかろうが多かろうが、先生の所得に影響はない。それと同じ感覚だ。

ある先生は転職を考え、毎年公立高校の採用試験にトライしている。だらだらと無気力に授業を進める先生もいる。先生たちからは愛校心などまったく感じられなかった。

「将来、この学校は私が運営した方がいい」と冗談混じりで話したこともある。

（まさか十数年後、私が理事長になるとは夢にも思っていなかったのだが）

良くも悪くも、I女史のワンマン経営

この学校は、I女史が代表を務める財団法人少年の船協会の卒団生がここに入学する仕組みになっていた。私が寮監を務め始めたころ、すでにその「少年の船」に乗り、団員になる子供が激減していた。

それでも学校経営から営業、教育のすべてを、学園長兼理事長のI女史一人が自分の考えでおこなっていた。I女史は、政治家としてもその派手な言動や服装で注目を集めていた。そのI女史に、優秀なスタッフが付いているのだろうか？　組織のために全精力を出す人物がいるのだろうか？　私の目からは一人も見当たらなかった。

I女史は非常に強い人物であり、個性的な人物だ。悪く言えば、ワンマンそのものである。自然に彼女の周辺にはイエスマンだけが残る。

当時の国際開洋高校の管理職も、事なかれ主義以外の何ものでもなかった。彼女の顔色

だけを窺い、彼女を祭り上げる。学校の教職員は、引き続き「少年の船」から生徒が確保できると信じ、営業努力をしようとは考えない。

たぶん「少年の船」の団員が減っている原因も、少子化の問題だけでなく、このようなワンマン経営とイエスマンだけのスタッフが生み出したものだ。

「少年の船」協会は、かなり大きな客船を所有していた。当然、維持管理費は半端ではなかったろう。団員が減り、維持ができなくなり、とうとう売却に至ってしまった。

「少年の船」の卒団生がいなくなり、当然のように国際開洋高校への入学生がいなくなる。「少年の船」を所有していた時代は、少年の船に過去に乗ったことを入学条件としていた。その船がなくなると、一般生を募集しなくてはならない。

根なし草の高校

当然のことながら、静岡県内での認知度は低い。学校を作ったI女史も静岡県とは無縁で、それまで地域との交流も一切なく、さらに全寮制だから実態も知られていない。

外部から見て、異様な雰囲気だった。外人部隊、落下傘部隊、よそ者集団そのものだ。県外から入学する魅力はなくなった。「少年の船の卒団生だから入学をした」生徒もいなくなった。

しかし今までどおり、全寮制の二十四時間教育を売りとした募集をおこなっていた。

静岡県には四三校の私学がある。それぞれが伝統もあり、なかなかの力を持っている。それなのに国際開洋高校に認可が下りたのは、全寮制だったかららしい。そうそう通学生を主体とした一般的な高校に変更できない。さらにI女史は、あくまでも二十四時間教育、全寮制の教育にこだわっていた。

私学高校は、生徒の家庭の実費負担（授業料など学校に収めるお金）の他に、経常費補助金というものがある。県の予算から出る、学校運営に関わる人件費等の補助金だ。生徒数から割り出して支払われる。これも学校経営に欠かせないものだ。

日本人生徒が集まらないために、モンゴル、チベット、ネパールから留学生を多数入学させた。この留学生は授業料など、すべてが無料である。経常費補助金があったとしても、食費・光熱費などが掛かるわけで、留学生が多ければ多いほど学校は赤字になった。

国際開洋高校に出合ったころの私

ここで空手部監督と寮監を引き受けたころの私のことに、簡単に触れておきたい。

少年時代から野球に夢中になり、就職も野球の縁だったことは先に触れた。その野球も続けられなくなり、二十歳で退職した。当初の父親との約束から、空手道場に入門したのは二十一歳のときだった。

そのころの私は、少年時代からの野球人生が終わったという虚脱感からか、特にやりたい夢もなく、始めたばかりの空手の練習に支障のないような仕事を転々としていた。時あたかもバブル経済の真っ最中。その波に押されてか、二十六歳のころ、縁あって内装業を中心に起業した。

そんなある日、某銀行の支店長と、私の会社の元請会社の一つである某建設会社の社長が私の自宅に訪ねて来た。幾つかの土地を購入して共同住宅を建て、賃貸経営をやらないかと持ち掛けられた。

まさにバブルが弾ける直前のころの話だ。資産もない私なのに、父の少しの財産を担保に多額の資金が融資された。

「不渡りだ。すぐ来てくれ」

取引銀行の支店長から連絡が入った。

その某建設会社が不渡りを出し、銀行取引停止である。

私の債権額は、六千万円だった。それよりも建築中の共同住宅は、ほとんどその建設会社に、すでに建築費を支払っている。まだ完成まで三十%を残していた。

私は急いで父の職場に出向き、「助けてください」と頭を下げたが、父からは「会社まで来るな」と帰された。

しかし数日後、父は三十年間勤めた会社を退職し、退職金のすべてを私の債務返済に充ててくれた。その後、某銀行の支店長は、銀行から姿を消した。

某銀行と交渉して無担保・無保証で完成までの資金の追加融資を受けて、何とか完成させたが、ここでまた問題が起きた。

当初、私に話を持ち込んだ某銀行の支店長と某建設会社社長の話では、完成後の入居者は確定しているとのことだったが、これが真っ赤な嘘で、誰一人として入居する人はいなかった。

どん底で学んだこと

借り入れ返済だけが毎月始まる。当時の金利は六～七％だったと思う。毎月四十五万円ほどの返済金になる。いくら働いても追いつけず、負債だけがドンドン溜まって行った。

父が長年努力して手に入れた新築の住宅と、私の弟のためにと手に入れていた土地を手放した。私の事業失敗のために、父は全財産を失うことになってしまった。

共同住宅の建設資金、下請け業者への未払金、金利、保証債務（義弟の借財）を含め、負債は四億六千万円にまで膨らんでいた。死ぬしかない。自殺しようと真剣に思った。

しかし、まったく非がない父が、一番の被害者だ。こんなにも父に迷惑を掛けて、自分だけ逃げるわけにはいかない。毎日こんなことを考えた。考えても答えが出ない。

そんなときだった。先に書いた、杉浦次長から食事の誘いを受けたのは。

わずか三万円の話と思われるかもしれないが、もう自殺なんて考えるのはよそうと思った。

こんなにまでボロボロになっていた私に、父や杉浦さんがいろんな話をしてくれた。自殺などつまらないことを考えた自分に腹が立った。この人たちのためにも立ち直ろうと決心した。でも、どうしたら立ち直れるんだ。どうしたら借金地獄から脱出できるんだ。

少年のころから、本を読む習慣がまったくなかった私だったが、片っ端から成功者の本を読み漁った。

中学生の読書感想文の課題は、年子の弟の感想文を丸写しして先生に叱られた私だ。一冊の本を読むのにも、すごく時間が掛かってしまう。それでもやるしかない。何度も何度も読み直して、数冊の本を読んだ。

事業で成功した人には、幾つかの共通点がある。事業に必要な三要素は、人・物・金であることは間違いがない。しかし成功者のほとんどは、起業する前には金もなく、この三要素は努力して後から作ったものだ。

成功者は何もない中で夢を追い続け、物、金はなくても、まずは人脈作りに力を注いでいる。信頼できるパートナーが何人できるか。多くのパートナーができれば、その中に技術を持った者や、良い商品を持っている者もいる。資金を持った者もいるだろう。

今までのマイナス思考の自分を捨て、将来の自分をプラス思考で日々イメージしよう。多くの人と沢山お会いし、人脈作りに努力しようと思った。

そんな、どん底とはいえ、前向きに生きようとアルバイトに精を出し、空手の指導で飛び回っていたころだ、国際開洋高校の空手部顧問と寮監を引き受けたのは。

第三章　地獄の底で閻魔さまに出会う

話は再び理事長を引き受けてからの、ここ数年の話に戻る。荒れ果て、経営的にも行き詰まった学園をどのように再構築するか。ここまで来たら投げ出すことはできない。覚悟も決まり、方針も決まったが、先立つものがどこにもない。

一足先に、生徒たちは動き始めた

私が理事長に就任した四月からわずか二ヶ月後に、高校のビックイベント、学園祭が迫っていた。

過去の学園祭は、各クラスで作詞・作曲をして順位を争う、いわば合唱祭だった。審査員は当時の理事長兼校長兼学園長、I女史だった。

おこなう前から順位は決まっていた。I女史に一番近い保護者の子供がいるクラスが一番になる。それでも、すべてのクラスで、素晴らしい曲を作曲し、力一杯歌っていた。それはそれでいいのかもしれない。

しかし、義務教育の中学生とは違うんだ。生徒たち自身が作る学園祭が一番いいに決まっている。そのような学園祭を、先生たちと相談しておこなうことにした。

生徒たちの意見を取り入れ、外部のお客さまを招待する。集客するためのチラシ、ポスターを作成する。模擬店などの出店準備。ステージでのパフォーマンス。すべて生徒たちに考えさせよう。

たとえば模擬店でも、仕入れ、器材の調達、値決め、利益の使いみちなどに、いっさい教職員は関わるなと、私が発令した。

学園祭が一週間後に迫った。生徒たちは焦りを感じているようだった。初めての経験だ。どこにチラシを撒いたらいいのか？　外部からのお客さまは来ていただけるのか？　不安で一杯だろう。

全校集会で、常に「やればできる」と言い聞かせている。しかし時間がない。しかも地域では、本校のイメージは最悪だった。私も難しいのではと、内心では不安を感じていた。

生徒たちに自信を持たせ、「**やればできる。不可能なんてない。己を信じ続ける**」ことを教えるために、私の知っている企業に先回りし、従業員さんたちに来ていただけるようにお願いした。

集客担当の生徒に、「先生の知り合いの企業のリストだ。飛び込みでチラシを持ってお願いしに行ってきなさい」。当然、私が先回りしたことは、生徒たちには内緒だ。

「理事長先生、担当者の方が私たちの話を聞いてくれて、頑張りなさいと言ってくれました」

生徒たちから、ニコニコと笑顔で私に報告があった。

教員が模擬店用の食材を買い出しに行こうとしていた。

「駄目です。スーパーでもどこでもいいから、生徒たちに仕入れができるところを調べさせて、その結果が赤字になっても、生徒にやらせてください」

商売の基本を教えなければいけない。

一．売上げ目標の設定
販売単価の設定／売上げ目標に達するための販売個数目標の設定
二．利益目標の設定
仕入れ価格の調査／仕入先の確定と仕入れ価格の交渉
三．器材の調達
どんな器材が必要か／レンタル代の調査（経費想定）
四．この事業で獲得した利益の使いみち
クラスで何を購入したいか考える

学生がお金を稼ぐには、せいぜいコンビニなどのアルバイトで、時間を切り売りすることくらいしか経験できない。当然それも必要なことであるが、このような経験も大きなチャンスではないだろうか。

「理事長先生、お客さんきっとたくさん来てくれますね」と、集客担当の加藤優奈が私につぶやいた。

そして、学園祭

学園祭前日の朝、激しい雨音で目が覚めた。なんでこんな日に雨なんだ。学園の誰もが「やんでくれ」と願った。

学校では、明日の学園祭を中止するかどうかが検討されていた。私は生徒たちが一生懸命準備してきた姿を考えると、中止には賛成できなかった。

天気予報は、明日の夕方まで雨が降り続くとのことだった。教員の一人が「学園祭をおこなっても、屋外での模擬店はできません」。

「本校には学生寮の食堂があるだろ」

私は食堂を使い準備を始めた。加藤優奈が半ベソをかきながら、「こんな雨では誰も来ないかも」と言って来た。

「キミは、何人のお客さまが来てくれたら成功と考えるの？　五百人？　千人？」

「先生はキミたちが努力してきたことが成功だと思うし、一人でも来校者があれば大成功だと思いますよ」

「その一人の方を、親切にもてなしてください」

そう話した。

学園祭の当日、やはり雨は降り続いていた。

九時に体育館で学園祭開始式がおこなわれ、生徒は各自の分担に分かれて、来ないかもしれない来客を待った。

十時、一般客訪問時間。何と、何と。傘をさしながら、あるいは合羽を羽織《はお》って、近隣の方たちがゾロゾロ、訪れてくれた。私も感激のあまり目頭が熱くなった。

来場者は二百名を越した。たった総数三九名の生徒の学園祭のために、二百名以上の来客だ。雨のため学生寮の食堂を使用したが、こんなにも多くの来場者を想定できなかったので、大変混雑してしまった。

昼になり雨も完全に上がり、気持ちのいい陽気になった。

「キミのおかげで大成功だよ」

加藤優奈に声を掛けると、「生徒全員でおこなったことです。ものすごく嬉しいです」と弾けるような笑顔が帰ってきた
一人ではなく多くの仲間と、同じ目標に向かって努力する教育の場が高等学校である。

人類は遠い昔から、こうした団体生活をもって今があるのだ。

現在の若者は、個の主張が大きすぎ、コミュニケーション力が劣っているように思える。この学園祭や部活動を通じ、集団教育のあり方を考える必要が多いにあると、私は自分の生徒たちに教えてもらった。

こうなりゃ、もたもたしていられない。生徒たちは一足先に歩み出したのだ。一刻も早く、学園経営を軌道に乗せなければ。

生徒たちに、後ろからドンと押し出されたような気がした。

協力者を求めて

学校運営に協力してくれる人物はと考えた。学校運営というより、学園再生に取り組む菊地伸幸に協力してくれる人物を捜した。

私の人脈をたどり、各企業のトップとの面談が始まる。学校法人理事長という肩書きはこんなにすごいのかと改めて感じた。普段会うことができない企業のトップとスムーズにアポが取れる。

しかし現実は厳しかった。

有名プロダクション社長との面談。資料を揃え東京へ上京して、今後の学校運営・教育について一通り説明が終わると、

「ご苦労なことですね。なにか応援してあげたい。しかし我々はあくまで営利法人です。学校教育とは仕組みが離れすぎている。申し訳ないが資金的なバックアップはできない」

さらに一部上場企業の会長との面談。地元、浜松市の企業であるため、少し期待を胸にして、早朝からの面談だった。

この日は私に理事長就任へのハシゴを掛けた吉田亜樹先生と同行し、会長にプレゼンを始めた。ここの会長には、私の話に真剣に耳を向けていただき、会長自身の少年期から現在までのお話を聞くことができた。

会長は少年期に私と同様に勉強をせず、ヤンチャばかりだったようだ。この会社も一代で築いたとのこと。大変心を打たれる話だった。

「我々の業界の組合員は全国に五万社ある。学校に一社一万円ずつ寄付を求めれば、五億

円になるな。組合員が寄付できるような大義を考えて来なさい」

なるほどと、早々に学園に戻り検討した。

一．この組合がおこなうボランティア活動に、生徒、教職員が参加し、合同で活動させてもらう。

二．組合員さんの会社に、積極的にインターンシップをおこなう。

三．組合員さんの会社の前にて挨拶運動。

このようなお願いを後日、会長に提出した。

答えが帰ってきた。

「組合として、特定した一学校法人に寄付はできない」

またあるときは、地元では有力な建設企業の社長との面談。この会社の社長は元銀行マンで、過去にこの会社を立て直し、今や地元、浜松市では優良な企業に成長している。社長とは三回に渡り面談した。答えは「この学校の再建は非常に難しい。菊地さん、今からでも遅くはない。手を引きなさい」だった。

こんな調子で二七社の企業のトップたちと面談させていただいた。

どうしたらいいのだろう？　私は過去にいろんな経験をし、苦境を乗り越えてきた。絶対に諦めない。でも、教職員たちには一切の不安を与えてはならない。

「数社の企業が学校経営に理解をしてくださって、共に参画していただける」と常に言い続けていたが、限度がある。まさにギリギリの状況にまで追い詰められていた。

地獄に仏というが、地獄のどん底で閻魔さまに再会した

私は藤枝市の出身で、地元で幼少期を過ごした。

地元の先輩で二学年上にいた小野和利氏に会いに行った。私の所属するＮＰＯ法人日本空手松涛連盟総本部役員の紹介だった。

実は私は小野氏を知らないわけではない。小野氏は地元では名の知れた、私にとっては特別怖い存在だった。

学校の実状と今後の構想を話した。当然イエスの答えはない。

小野氏の自宅は、今まで私が見たこともないような豪邸だ。庭石だけでも数千万円はす

るだろう。何度もご自宅に足を運び、お願いしたが、NOの答えだけだった。


あるとき、私は学校内で作業していた。携帯電話のマナーモードが震えた。小野氏だった。

「理事長、今、学校の直ぐそばだ。少し寄るぞ」

そう言って電話が切れ、数分で小野氏が学校に到着した。小野氏に校内を一通り案内したが、特段の話は出なかった。


翌日、再度私の携帯電話が鳴り、「理事長、明日時間をとって俺の家に来てくれないか?」。

当日の予定をすべてキャンセルして、小野氏の自宅に向かった。

玄関を入ると大きな鼠さしという綺麗な白木が飾り柱で立っていた。客間は檜の無垢板貼りの床、テーブルは十人がゆうに囲めるだけの屋久杉だ。

私は緊張して、話を始めた。

小野氏が奥様に、「俺はこの菊地伸幸に賭けたい。別事業のための資金を学校のために使うぞ」と言うと、奥様は二つ返事で、「分かりました」。

私は助かったという気持ちと、億を超える資金をなぜ私にという気持ちだった。そのころの私は、すでに思考が煮詰まってしまい、ただ闇雲に走り回っているような状況だった。

「学校を見させてもらったとき、生徒たちのほとんどが、大きな声で立派に挨拶ができていた。それを見たとき、この学校は何とかなるだろうと思ったよ」

「でもな。お前でなければ、この学校の再建はできないぞ」

「だから学校を助ける気はまったくない。俺は菊地伸幸に投資するんだ」

そこまで言われても、個人で数億円もキャッシュで投資できる人なんて、私の周りにはいないから、ピンとこなかった。

数億円を資金提供する条件が出された。
一．理事会・評議員会は正常な人選をして、すべて入れ替えること
二．菊地伸幸が理事長を続投すること
三．野球部は自分が面倒をみること
四．民事再生法手続きをおこなうこと
「俺は経営者であって、教育者ではない。お前が学校の陣頭指揮をとり、静岡県一、いや日本一の学校にしてくれ」

さらに小野氏から、こう言われた。

「今後、学園運営を継続して行くなら、一般の債権者を泣かせることは一切するな」と。

まずは、一般債権者の債権をほとんど買い取っていただいた。総額一億五千万円ほどだ。

このとき以後、私のことを「理事長」、またプライベートでは「ノブ」と呼ばれるようになった。

大阪、東京、鹿児島、中国、どこでも、前に進むことであれば直ぐに向かう。こんなにも行動力があり、男気のある人がいたんだと、今さらながら感心した。

初めて、どこまでも付いて行こうと感じた人だった。小野氏にはオーナーとして学園長になっていただいた。私は小野氏を「アニキ」と呼ばせてもらっている。

第四章

内紛、再建までの荒波

確かに再建までの道のりは、教職員にとっても茨《いばら》の道だった。開店休業となった和歌山校の処理、当面の資金繰り、新入生の確保、そして民事再生手続きの準備など、私も忙し過ぎたのかもしれない。まったく予想もしなかったところから、膿《うみ》が噴き出した。

校長、交代

私が理事長に就任した平成二二年の十月ごろの話だ。

本学園主催の企業人向けのビジネススクールが開かれた。この事業は国が進める社会人新人教育である。社会人としての基本的マナーや考え方を徹底教育する事業だ。毎年数社から受講生を募集し、我が学園で雇った講師を派遣して授業をおこなう。

この年は、浜松市にある私の空手道場を教室にしておこなった。この授業の講師は、ビジネス協会などから公募した。

このときは、沼津で企業人向けのビジネススクールの事業を専門に手がける社長と出会い、社長直々の講演をお願いした。三十代の、なかなかの容姿でハキハキとした女性、N女史だった。

ちょうどその前に、加藤晴彦校長から突然、「父親の介護の手伝いをしなければならないので、このまま校長職を続けられない」と話があった。

静岡校と和歌山校の校長兼務、過酷な労働時間、加藤先生にはいつも申し訳ないと思いながら甘えて来てしまっていた。

それでも今の状態で、加藤先生を校長から外してしまったら、誰が校長職に付けるだろうか。当てもなく、困り果てていた。

そんなときだった、私がビジネススクールの受講生たちに講義する機会があり、昼食をN女史とすることにした。スクール会場である空手道場から歩いて直ぐの食堂で「本日のランチ」、鯖の塩焼き定食を食った。

食事を終えたとき、N女史が私に、「意を決して言います」と言い出した。「私に校長をやらせてください」と、いきなり頭を下げてきた。

「突然、何なんだ」とN女史に言葉を返したが、タイミングがいいというか、私が加藤校長の件で頭を抱えていたときだったので、彼女の申し出には興味があった。

少し話を聞いて見た。

「私は十年前から、学校の校長をすることが目標であり、夢でした」

「菊地理事長が学校の再建に努力しておられるようなので、ぜひ私を試してください」

「一年間試して、駄目なら解任していただけば結構です。その間の給与もいりません」

我が校の生徒の一割が、中学校時代には不登校生徒だった。彼女はカウンセラーの資格も収得している。今までにないタイプで、今後特色のある高校作りを考えると面白いかもしれないと思ってしまった。

「私一人の考えで分かりましたとは言えない、一度学園の理事と面談をしましょう」と言い、食堂からスクーリング会場に戻った。

日を改めて、N女史を焼津市にある小野学園長の自宅に呼んで面談をおこなった。

大きな屋久杉のテーブルの前に座り、N女史が自己紹介からたんたんと小野学園長夫妻に話を始めた。

やがて小野学園長からは、「理事会はもちろんだが、菊地理事長の判断であれば、それに従う」と言われた。

給与は無給というわけにはいかない、月給三十万円と決め、一年間様子を見させてもらうことにした。また、N女史は、今年度一杯で自分の会社を整理し、来年四月から正式採用とする。十一月からは準備期間として週三日の勤務とした。

何かが違う

早々に、私のメールアドレスに彼女の十一月分のスケジュールが届いた。生徒たちも女性とあっていろいろ相談をしているようだ。

やがて『N校長のトラ通信』が始まった。「生徒たちへ　何でも相談があれば、私の携帯電話に架けてください。二十四時間、三百六十五日対応します」と記載があった。

トラ通信には教職員のことが一人ひとり書かれてあった。

「S先生は、いつも朝早く学校に出勤し、掃除をしてくれています。ありがとうございます」という具合に。

確かに教職員を褒め、生徒、保護者に認めさせることは大いにいいことだと思う。

だが、なにか腑に落ちない。奇妙な違和感を感じていた。

実は教職員のうち、二名のことが一切書かれていなかったのだ。

私は、そのことに気付いて、彼女を叱った。

「N校長、これを見た二名の先生はどう思うか考えたのか？」

どうもその二名の先生とN校長は、そりが合わないようだ。校長たるものが、自分の好き嫌いで教職員を差別扱いするなど、指導者にとっては厳に戒めるべきことだと言いたかったのだ。

十二月に入り、N校長から私への連絡事項のメールが来なくなった。あるとき、X教頭が私に、外部に提出する書面の訂正を申し出てきた。これは私が理事長に就任した際、職員たちと今後の教育を真剣に考えて掲げた『健学の精神』の変更だった。私は教頭に「何を考えている。勝手な変更は許さん」と突き返した。X教頭は、申し訳ないと何度も頭を下げて出て行ったが、私はN校長の指示だろうと察した。後日、私が拒否したにもかかわらず、見事に建学の精神が書き換えられていた。

新年度を迎え、百六十四名の受験生を獲得し、六十八名が入学した。『高校からでも間に合う教育の実践』を掲げた我が校であるので、さまざまな生徒が入学して来た。

中学校時不登校だった生徒の中には、いろんなタイプがいる。内向的で人とのコミュニケーションがうまくできない生徒、反対に暴力的で不良児と呼ばれる生徒もいる。

新一年生の下駄箱には、まともに靴が入っていない。下駄箱の下に脱ぎ散らかした靴が散乱している。入学式を見たとき、大変な子供たちが入学して来たなと思ったが、その反面、新二年生、新三年生が素晴らしく思えた。

我が校の生徒は、ほとんど全員が大きな声で返事をし、大きな声で校歌を歌う。一年間の教育が正しくできている証拠である。おそらく先生たちは、他の高校に比べはるかに大変な苦労をしていると思う。その努力の結果が、見事に表れている。

朝令暮改

県東部から入学した一人の生徒、A君が学生寮に入寮した。先生の言うことは一切聞かない問題児だ。寮でも学校でも喫煙をし、挙句に教員に暴力を振るってしまった。

一学期の間、問題行動が絶えなかった。私はこんな子供たちも立派な社会人にするために教育をおこなわなければならないと常に思っているが、我が校には内向的な生徒も多い。ヤンチャな生徒と弱い生徒を一緒にして、集団教育をおこなうことは非常に難しい。

今の我々では、まだまだその能力が足りない。

N校長が事務室にある私のデスクの前に立ち、「今後生徒指導は、運転免許のような点数制にして、減点六で退学にします」。

頭髪の乱れは減点一、服装の乱れは減点一、喫煙は減点三、暴力事件は減点五。このような表を私に渡し、説明を始めた。

「頭髪、服装の乱れが累積されると退学なのか?」

「厳し過ぎるし、これじゃ我が校の生徒はみんな退学になってしまうぞ。退学させることが目的ではない。教育することが大事なのではないのか?」と反論した。

A君が自宅謹慎から学校に父親と訪問し、面談があった。担任と暴行を受けた教員、校長が対応していた。

私が車に乗り、帰宅する途中、N校長からの電話を受けた。A君の復学を頼んで来たのだ。

「A君は私が面倒見ますので、停学を解除していただきたい」

「教員に対する暴力は断じて許してはならない。あなたが私に渡した減点表では、A君は何点なんだ？」と少し興奮してしまった。

「減点は十二点です」

話を聞いてみると、父親に私が責任を持って復学させますと伝えたようだ。校長が許可を出し理事長が駄目となれば大きく揉《も》めるだろう。

あとで分かったことだが、このA君はN校長の地元の企業からお願いされた生徒で、入学時、合格判定会議で揉めた生徒だった。

それにしても自分で減点表なるものを作り、それを自分の恣意で覆すなど、あってはならないことだ。これでは毎年文化祭で、その年の一位を恣意《しい》で選んでいたI女史と変わらない。


私はほとんど毎日、子供たちの空手道場の稽古を夜七時から九時までおこない、帰宅が九時半過ぎになる。

帰宅すると、X副校長の車が我が家に横付けされていた。N校長と縣教頭がX副校長と一緒に車から降りてきて、早々に縣教頭とX副校長が口を揃え、「N校長を解雇しないでください」と言い出した。

私は解雇するなど一度も言ったことはない。自宅の近くの台湾ラーメン屋に場所を移し、四人で話をした。

彼らの勝手な妄想が、私がN校長を解雇すると勘違いしたようだ。

「ただし、今までのような校長の身勝手な行動は慎んでいただきたい」

彼らの言い分はスポンサーである小野学園長が厳しすぎるということだ。

だが、どんな組織もオーナーの権限は大きい。株式会社の組織でも、株主は絶対の権限を持っている。まして今は再建途上だ。すべてが思いどおりに行かないのも当然ではないか。例にとって説明をした。

君たちが言わんとしていることは、従業員が社長や株主に、根拠もなく我ままだけで、会社の方針を変えろと言っているのと同じではないか。

帰り際にX副校長が私に退職届を渡してきた。ここ数日、奥さんである亜樹先生とトラブルが絶えない、そのことが大きな原因だということだが、後日ゆっくり話をしようと取りあえず預かった。

突然の職場放棄

数日後、私と小野学園長が鹿児島に二日間の出張に出かけたとき、名古屋セントレア空港からの出発間際に学校から電話が入った。

「本日、教職員八名が、体調不良で欠勤しています」

そんなおかしなことはあるものかと、即座に縣教頭の自宅に電話を架けた。

体調不良のはずが案の定、電話口に出た奥様は、「いつも通り、早朝に自宅を出ました」。

結局三日間、八名の教職員は欠勤した。私は、教職員はいかなる理由でも、学生の教育のため、受け持つ授業をまっとうしなければならないと思っている。彼らの非常識な行動は許せない。

ボイコットしたうちの三名は、私に一番近い者だった。

稲田春己、私の空手の後輩で、一八年前に私が本校の空手部監督のときに御殿場から呼び寄せ、私のあとに監督として就任した者だ。四年前に本学園を退職していたが、もう一度学園に戻して欲しいと頼んできた。「寮の管理も、バスの運転でも何でもやるので、お願いします」と言ったはずだった。

縣俊行教頭、この者も十六年前に学園を退職し、昨年家族で我家を訪れ、もう一度学園に戻して欲しいと頼んできた。

X副校長、私の空手部監督時に新卒で採用され、私の指導の下で黒帯を取得し、私が理事長になるきっかけを作った者だ。

なぜこの者たちが造反したのか？　眠れなかった。

女房や小野学園長から、優しすぎる、人が良すぎる、甘い、人を信用しすぎると、いろいろ言われた。正直、人間不信になった。

四日が経ち、造反組のうちの新任教員たち三名が出勤し、泣きながら「申し訳ありませんでした」と謝って来た。

N校長から、月曜日は体調不良ということで学校を休み、集合しろと指示があったようだ。当然上司の指示には従わなければならない。私は、この新任教員たちはおとがめなしで教壇に戻した。N校長には、出勤停止を告げた。

ところが、ボイコットに参加せず、残っていた教職員たちが、彼らの所業は許せない、理事会に嘆願書を書きたいと言い出した。

「造反した教職員は全員、絶対に学園に戻さないでください」との内容だった。

早々に教職員を全員集合させた。

「みんな聞いてくれ。学園を再生するために抜本的改革をおこなっている。そんなときには、意見の食い違いは当然ある。このことで嘆願書を書くと、今残っている教職員にも亀裂が生じる恐れもある。すべて理事長である私の責任だ。新任の教員は、何も分からず上司の指示に従っただけだ。なかったことにして欲しい」

残った教職員には、本当に迷惑を掛けてしまった。人員が減り、残りの教職員で学園運営を廻した。この状況を見て、『雨降って地固めよう』と思った。

後日、稲田春己と話すことができた。

N校長は彼らに、「このままでは菊地理事長が小野学園長に潰されてしまう。私が別のスポンサーを連れてくるから、あなたたちは私の指示に従いなさい。菊地理事長には内密に」。こう話したようだ。

なるほどこの三人は、完全にN校長にはめられたなと思った。

余りにもお粗末な出来事

その後、N校長たち造反組によって、県の私学振興室、私学協会、私立学校振興共済事業団、県議会などに偽りの上申行為がなされた。

それは有ること無いことのオンパレードだった。

すべての機関に呼ばれ、面談をした。

我が校の評議員の一人にも接触し、同じように話したようで、その評議員より彼女たちと話し合いをおこなうように指示された。

五月末、学園役員室で造反組と私たちの話し合いがおこなわれた。私たちは理事三名、評議員一名、保護者一名、教職員三名が出席した。

会が始まるとX副校長がテープレコーダーを出し、「録音させていただきます」と切り出した。「どうぞ、後日、そのテープを私にもください」とはじまり、N校長が出席者全員に要望書を配布した。要望書というより批判とグチがほとんどだった。

○　稲田春己に対し、勤務していた時期のバス運行手当、寮勤務手当を別途支払え。

○　退学勧告されたA君の勧告解除。

○　N校長への出勤停止は違法だ。解除しろ。
○　学園長と理事長は学校運営に一切口を出すな。
○　私たちが過去に努力して来たことを評価しろ。
まあ、こんな内容だった。ただの我がままであり、すべてのことに答えた。

理事の一人が、質問した。

「縣先生は、民間企業から理事長に頼み雇用され、過去の収入と学園の収入に開きがあると相談をされ、理事長が別に小野学園長の会社から二十万円の収入を確保していただいたそうですね。それなのに、なぜこのようなことが言えるのですか？」

この答えは「自分が頼んだ訳ではない」だった。


私はひどくショックを受けた。確かにみんな努力しただろう。しかし、まだまだ再建途上であり、ようやく正常化の緒に就いたばかりだ。今はまだ道半ばだ。さまざまな矛盾があったとしても、一つひとつ解消していくしかない。

N校長が声高らかに、「私が、別のスポンサーに学園経営をお願いしました。理事長、学園長は学園を退いてください」と言い出した。

「県東部の企業に学園の内部資料をすべて見ていただき、二億円の資金を投資いただけるようになっています」

一個人が、理事会の承認もなしに越権で、このような行為をするなど言語道断である。

それにしても今の状態で、二億円程度の資金で、学園が再生できると思っているようだ。まさかそれほどまでに現状認識が甘いとは思っていなかった。これでは子供と話しているようで、らちが明かない。

「分かりました。早々に理事会、評議員会を開催します」

六月に緊急理事会、評議員会を開催し、N校長の解任動議がおこなわれた。N校長本人も出席してきたのには驚いた。満場一致で解任が決議された。

学園を再生するということは、当然いろんなことが起こる。解任されたN校長に対しても、私を頼って来た縣先生や稲田君にも申し訳ないと思った。

この結果は誰が悪いわけでもなく、すべてトップである私の責任だ。

第五章 変わり続ける生徒たち

本当の再建の第一歩が、民事再生手続きであることが明確になってきた。だからと言って、それまで教育の手を緩めるわけにはいかない。生徒たちにとっての理想の学園を築くことこそが本来の目的だ。新たな新入生、新たなスタッフも加わり、わずか二、三年で学園は大きく変わり続けていた。

三人だけの卒業式

平成二四年春、私が理事長に就任して二回目の卒業式を迎えた。

廃校になる山村の小学校や中学校でも、五名や六名の卒業式がおこなわれ、マスメディアで取りあげられている。我が校はたった三名の卒業式だった。

岡本真幸君、七尾成一郎君、高藤文也君の三人。

岡本君は二年生の途中からの、県内の公立高校からの転校生。野球部に所属し、高野連の規定により一年間は公式戦には出場できなかった。そのため三年の夏の甲子園静岡県予選のみエースとして活躍した。

この年は野球部で、監督による大きな事件が起き、急きょ七月のみ私が野球部監督を務め、彼らの陣頭指揮をとった。彼の生活態度は今風の高校生で、地元の大学に進学することができた。

七尾成一郎君もまた野球部で正捕手だったが、三年生になった春に、指導者とのトラブルにより野球部を退部することになった。

退部と同時に特待生解除を訓告して、両親とは何度も面談がなされた。関東地方からの寮生であった。彼も無事に地元で就職することができた。

高藤文也君も岡本君と同様に転校生で、三年生の途中に地元市議会議員の紹介で本校に入学した。前にいた私立学校で問題行動があり、退学処分になったようだが、本校での生活態度は大変落ち着いていて問題なく、この日を迎えることができた。

卒業生三名に対し、在校生七五名、来賓十名、教員十三名、保護者三〜四名の見守る中、緊張した面持ちで挙行された。卒業生が三名だけなので、教職員全員の頭に、彼ら一人ひとりの思い出が細かく過《よぎ》って行った。

通常授業も、二人が風邪で欠席すれば、残った一名の生徒とマンツーマンで授業をおこなっていた。

こんな状況をどう捉えるか？

「居眠りをすれば目立ってしまう。だから嫌だ」

「こんなに恵まれた高校生は、おそらく日本中で彼らだけだ。一人ひとりのレベルに合わせた授業ができる」

私も当然ながら、たった三名の卒業式は初めての経験だったが、大変感動した式だった。岡本君、七尾君、高藤君、ありがとう。

ありがとう

全校集会ではいつも、生徒に「ありがとう」と言っている。これは私の、本心からの感謝の言葉だ。

空手の指導や道場に来る子供たちと接触できるお蔭で、生徒たちへの接し方は分かっているように思う。自分自身が落ちこぼれだったから、そのような状況の生徒たちの気持ちも分かる。以前、この学校の寮監をやっていたから、この学校が抱えている問題も分かる。だが、学校経営も、まして学校の授業なんて未知の領域だ。未知の世界へ足を踏み入れたようなものだ。

私がこの学校の理事長を引き受けたときから、生徒たちに語り続けていることがある。「必ずこの学園を再生し、日本一の学校を作って見せる。そのための大切なパートナーがキミたち生徒なんだ」

あるとき、生徒たちと一緒に議論したことがある。

いい学校って、どんな学校なんだろう？

一．生徒数が多いこと

二．すべての生徒が将来を真剣に考えることができる環境

三．落ち着いた学園生活がおくれること

四．すべての生徒が大きな声で挨拶できること

答は、明快だった。そして彼らは実践し始めた。

みんなで作る学校

小野学園長が、さんざん断っていたのに、本校の支援を決断してくださったときのことは先に書いた。

ふらりと訪ねて来られた小野学園長に、何の予告も指示もしていないのに、生徒たちが元気よく挨拶したからだと聞いた。

「ぜひ一度、本校を訪ねて来てください」と、私は会う人ごとに言う。

生徒募集のために中学校を訪ねたとき、講演に呼ばれたとき、「応援企業」に参加していただきたくて会社訪問をしたとき。

予告なしの訪問でも、学校の教職員が見ていないときでも、生徒たちの挨拶は天下一品、私の自慢の種にまでなった。


お恥ずかしながら、学校には古びた設備を修繕する費用はまったくなかった。

校舎や学生寮、体育館やプール、すべてが揃っていながら、二八年の歳月が経ち、この間の経営不振もあって、修理されずボロボロになっていた。業者に安く見積もってもらっても、支払いの目途は立たないから、最初から不可能と諦めていた。

実は私は、内装の工事仕事を少しだけやった経験があったので、少しでも時間があれば目立つところから修繕を始めた。やがて生徒たちが、一人、二人と手伝い始めた。

ホテルや建設業者にもらった古いタイルカーペットを生徒と洗浄し、一緒に寮の居室に貼った。塗装屋さんが壁のペンキ塗りを指導してくれて、生徒が養生してペンキ塗り。

以前、こんなことがあった。夏休みに学校の寮を使い、私の指導する空手道場の子供たち百名が強化合宿をおこなったことがある。

そのとき、私の弟子の一人、タケル君のお母さんがお手伝いで参加してくれた。

「先生、先ほど学生寮を見学させていただきましたが、とても汚なくて、子供を預ける気にはなりません」

ドキッとした。確かにこの状態で、私の子供をこの部屋で生活させるなど、考えてしまう。たまたま汚い状況を見てしまった人は、この高校の学生寮は汚いと判断して、口コミで広がってしまう。親は、そんな高校の寮に子供を預けたいと思うだろうか。

校舎や、体育館や、学生寮が、生徒たちの手によって次々と補修されていく。その出来栄えを教職員が、ホームページにアップしていく。

素晴らしい出来栄え。我が校の負の遺産だったはずの老朽化した校舎や設備が、生徒たちの活躍と共に自慢できる作品として共感を呼ぶようになった。

本当に、我が校の生徒たちは素晴らしい。

イジメのない学校

昔の、国際開洋高校の時代を知っている人は、意外と思うだろう。不良高校、どこの高校にも入れない落ちこぼれの集まり。残念ながら、これが我が校の前身である国際開洋高校のイメージだった。

だが、断言できる。どこの高校にでもあるような陰湿なイジメは、我が校には無い。

表①に示したのは、平成二四年に文部科学省が発表したイジメの認知件数だ。認知されているだけでも一六、二七四件に及ぶ。静岡県内だけでも三四〇件が報告されている。

イジメかどうかは判断の付きづらい問題で、おそらくイジメに近い仕打ちを受けている生徒は、この数倍はいるだろう。

特に新一年生にイジメが多い。年度を経るごとに減少しているとはいえ、最初が肝心だ。

これも私は、全クラスの生徒たちと共に話し合った。特にイ

表①　高校における、学年別イジメ発生件数

	男子	女子	計
1年生	4,653	2,959	7,612
2年生	2,969	2,125	5,094
3年生	1,902	1,666	3,568
計	9,524	6,750	16,274

ジメ問題は過去の経緯もあって、我が校にとっては切実な問題だったからだ。

当然、イジメのある高校には生徒は集まらない。中学時代に不登校だった生徒たちのために不登校クラスを作る程度では、また不登校になってしまう。

これについても、生徒たちの答は明確だった。

「自分たちができるだけ声を掛け、信頼を築く」

「不登校生徒を絶対イジメない」


もちろん我が校は、今でもヤンチャな生徒が多い。小学校、中学校と、教師を困らせ、我がまま放題に振舞っていた生徒たちだ。ともすれば暴力沙汰になることも多い。

これもまた、入学したばかりの一年生は目が離せない。腕力で周りを押さえつけていた習慣は、直ぐに直るはずもない。それでも、暴力的な言動も急激に減っていく。やがて一年が過ぎ、二年生ともなると、顔つきまでもが変わって来る。

生徒たち自身に考えさせたからだと思う。やっちゃいけないと、いくら親や教師が口を酸っぱくして言ったとしても、目の届かないところでイジメや暴力事件が発生する。

高校生の年齢は、多感な時期だ。背伸びして虚勢を張る時期でもある。酒や煙草に手を出すのも、自分はもう一人前、大人なんだと思いたいがためでもある。

動物はみな、幼いころ、子供のころは弱い存在だ。弱肉強食の世界では捕食される危険の真っただ中にいる。一刻も早く大人になって身を守ろうとするのは自然の摂理ともいえる。人間もまた同じ、民主主義なんて人類の歴史からいえばごく最近の話だ。

幼児期から小学生までは親や先生の言うことを忠実に守るが、大人に近くなった中学生や高校生は自分の意思が強くなり、大人の言いなりにならないのは当然だ。

ならば、彼らを一人前の大人として扱おう。考える能力もあり、判断力もあり、自らを律することのできる一人前の人間として扱おう。生徒といっても、あと二、三年で私たちと同等の社会人だ。彼らは自分たちで決めたことは守ろうとする。

それをいい方向に導くのが教育者であり、プロの指導者ではないだろうか?

すべての問題を生徒たちと共に考えることが、我が校の基本姿勢となった。

一人前の大人への道

私が高校生だったとき、社会人になり、会社に務めるということが、まったく分からなかった。周囲を見渡しても、実感できなかった。

この会社は何をしているのだろう？　この会社に就職して、何をするのだろう？

その後の就職も、野球が縁での就職だったから、野球に打ち込むことが仕事のように思っていた。おそらく我が校の生徒も同様であると思った。

偏差値の高い者は、一流大学への進学という目標が設定されている。良くも悪くも、希望校合格のために勉強しているんだと考えることができる。

ところが就職組は、漠然とした希望する業種のイメージはあっても、どの企業に就職し、どの業務に付くことになるのか、イメージができていない。

そこで何をするのかも分からない。

では教員は、このようなことを生徒たちに教えることができるのだろうか？

高校の先生たちのほとんどが、大学を卒業し、教員採用試験を経て学校の先生になっている。会社勤めを経験した人はごく一部だろう。そのごく一部の人さえも、ほんの一瞬だけ企業に属した程度だ。

学校は、ある意味閉鎖社会でもある。ならば社会に通用する教育を、我が校の先生たちができるのか？

そんな先生たちが、「社会人たるものは」と語れるのだろうか？

社会人になるまでの、一番近い位置にいる高校生たちに、社会の一般論は話せても、それぞれの仕事現場がどのようなものかは語れない。言い過ぎかもしれないが、大人とは何かということを教えられるわけがない。

私は、高校を卒業してから三十年、社会の荒波に揉まれ、地獄も経験した。だから今の自分がいると思っている。地域に密着する高校と豪語する以上、地域の企業に応援をお願いし、共に生徒を育てていかなければ意味がない。

実社会への窓を開く

私は企業家の目線から、我が校の生徒が会社で通用するか考えてみた。

社会人として必要なものは、まずは「**挨拶**」、「**人に好かれる態度**」、「**忍耐力**」だろう。これらを教育しなければならない。それも現場の声として教えなければならない。

その教育を先生たちができないのであれば、地域の企業リーダーにおこなってもらうしかない。

それぞれの企業の業務内容や、必要な資格、コンセプトなどを生徒に教えていただければ、生徒たちの将来目指す目標がより明確にな

り、努力することができるのではないか。

さっそく企業に足を運び、協力をお願いした。

一社一社、訪問を重ねた。

「社長、貴方の会社に通用する人材を、私の高校で一緒に教育しませんか?」と、近隣企業の社長たちに授業の担当を呼びかけた。

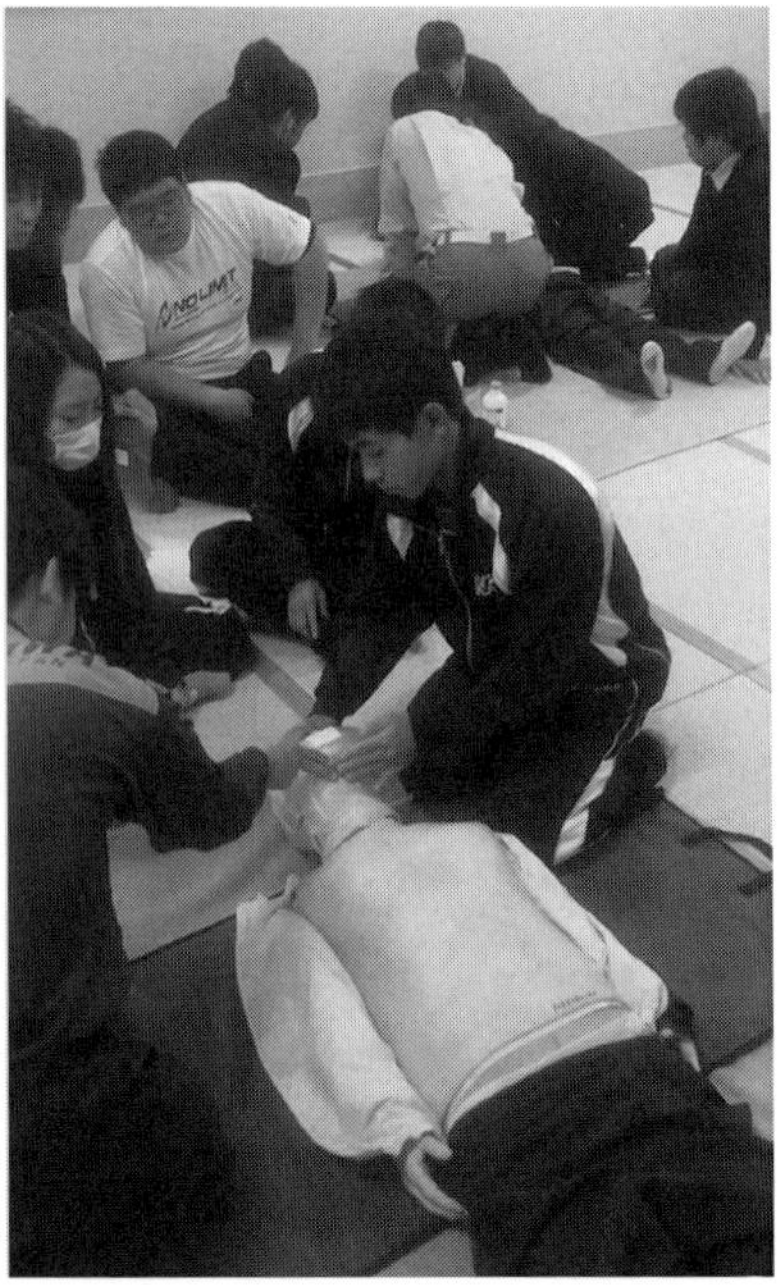

年数回の授業をお願いし、併せて毎年一口五万円の寄付金もお願いした。企業のメリットは、「あなたが教育した生徒の雇用です」と言い続けた。

第一章でも紹介したが、これらの賛助企業を「応援企業会」と名付けた。

平成二五年三月現在、三十社が集まった。

工務店の社長には、その工務店には何人の社員がいて、建築士が何をしているのか、営業マンは何をしているのか、事務員はどんな仕事をしているのか、それぞれ始業からどんな順序で仕事をしているのか。

歯科医院には、どんな資格者がいて、その資格の取得の仕方はどうなっているのか。さらに自動車学校には、交通安全について、徹底した授業をお願いした。

こんな具合にいろんな業種のリーダーに、我が校での授業を受け持ってもらった。工場見学、工事現場の見学など、さまざまな仕事の現場を見る機会も増やした。生徒たちの目が輝いている。おそらく我が校は、静岡県一、それどころか日本一、社会と近接した授業現場になったと思う。

お陰で我が校の生徒は、介護ヘルパーの資格、フォークリフトの免許、もちろん自動車免許も取得できる。さらに一歩、社会人への道を踏み出してくれたように思う。


さらに三ヶ月に一度は、「応援企業会」の集まりを開催した。考えてみれば、これは異業種交流会である。集まった企業が同じ目的を持ち、情報の共有、交換をおこなっているのには驚いた。

平成二四年度の卒業式は、十七名の卒業生に対して、応援企業会からの多数の参加もあり、来賓は四十七名だった。

第六章

民事再生手続きに向けて

理事長就任の二年後には三名だった卒業生が三年目には十七名、その年の新入生は百十名になった。中途退学者も激減した。教職員の必死の努力もあるが、劇的に変わった生徒たちへの評価によるところが大きい。

こうなれば一刻も早く学園経営を軌道に乗せなければならない。

民事再生手続きへと進む

大きく舵を切ったのは、小野学園長が数億円の出資時に出した条件の一つだったからだ。そのときもまだ、民事再生法が何たるかは分かっていなかった。

実は、それ以前、私が理事長に就任した直後、全国福利厚済会の高井理事長さんに会っていただいた折、民事再生法の申請を勧められていた。

「教育は日本の宝である若者の育成であり、何とかしなければならない。できるだけ応援したい。ただし学園の規模から考えると、今の債務を背負っての運営は難しいだろう。民事再生法の申請が必要だ」と。

間違いなく、学園は一歩一歩、健全化の道を歩んでいる。生徒たちも変わった。新入生も増えた。何よりも周りの本校を見る目が変わってきた。

応援企業会参加企業も増え、次々と有能な先生たちも集まり始めた。地域に根差した学園として、さらに大きく飛躍しようとしている。

だが残された最大の問題が、長年にわたる巨額の累積赤字が生み出した膨大な借財だ。

一億五千万円に及ぶ業者への未払金など、一般債権のほとんどは小野学園長が買い取ってくれたが、金融機関などからの借り入れ残債や未払い金利、延滞金を含めると、天文学的数字になってしまう。やはり、民事再生手続きを取ることが最善の道のようだ。

日夜奮闘してくれている教職員のためにも、そして学園再生のための、私の確かなパートナー、生徒たちのためにも、やらざるを得ない。

和歌山にて

先ずは残された一般債権の処理から始めなければならない。

国際開洋高校が、静岡県と同規模で、和歌山県にもあることは先に触れた。一般債権買い取りのために、小野学園長と共に和歌山へと向かった。

債権者一軒一軒を回り、現状と今後の学園運営方針を伝え、頭を下げて未払金の支払いについて面談した。

業者さんたちの中には、学園からの数百万円の未払金により、破産しそうな食材屋さんもあった。私が理事長に就任する以前、支払い計画も立てず、無責任な発注を繰り返してきたことのしわ寄せが、こんなところにも及んでいた。

老父婦でお店を切り盛りしていた。小野学園長と私が、「本当に長い間ご迷惑をおかけして、誠に申し訳ございませんでした」「来月中には全額お支払いさせていただきます」と伝えると、老父婦は涙を流しながら、「ありがとう。ありがとう」と礼を言ってくれた。正当な代金を支払わず、迷惑を掛けていたのはこちらの方だ。本当に申し訳ない気持ちで一杯になり、私も泣けてきた。

当然、弁護士の指示による、譲渡契約による債権の買い取りだった。和歌山の一般債権者はすべて債権譲渡契約が終わり、静岡校の債権者のまとめに入った。

民事再生法というのは債権者の過半数以上、また債権額の過半数以上の債権者が、この計画を認めることが適用条件になる。闇雲に債権者の債権を買い取ってしまっても、債権者の過半数が確保できなければ適用できず、破綻してしまう。

私が経営していた老人介護会社の株主でもある明管工業のK社長に頼み、未払金の一部を再生債権として残すことを了承していただいた。

再生債権とは、民事再生法の許可がなされたときに、その債権は確定した弁済率のみで、

学校法人　南陵学園　菊川南陵高等学校受験者数　入学者数　卒業者数　推移

	受験者数	入学者数	卒業者数	
平成17年度（2005年度）	37	33	40	国際開洋第一　第21期生
平成18年度（2006年度）	53	52	45	国際開洋第一　第22期生
平成19年度（2007年度）	53	49	40	国際開洋第一　第23期生
平成20年度（2008年度）	47	43	39	国際開洋第一　第24期生
平成21年度（2009年度）	9	8	40	国際開洋第一　第25期生
平成22年度（2010年度）	49	20	26	菊川南陵　第26期生（第1期生）
平成23年度（2011年度）	137	68	3	菊川南陵　第2期生
平成24年度（2012年度）	173	68	17	菊川南陵　第3期生
平成25年度（2013年度）	251	110	45	菊川南陵　第4期生
平成26年度（2014年度）	315	118	74	菊川南陵　第5期生

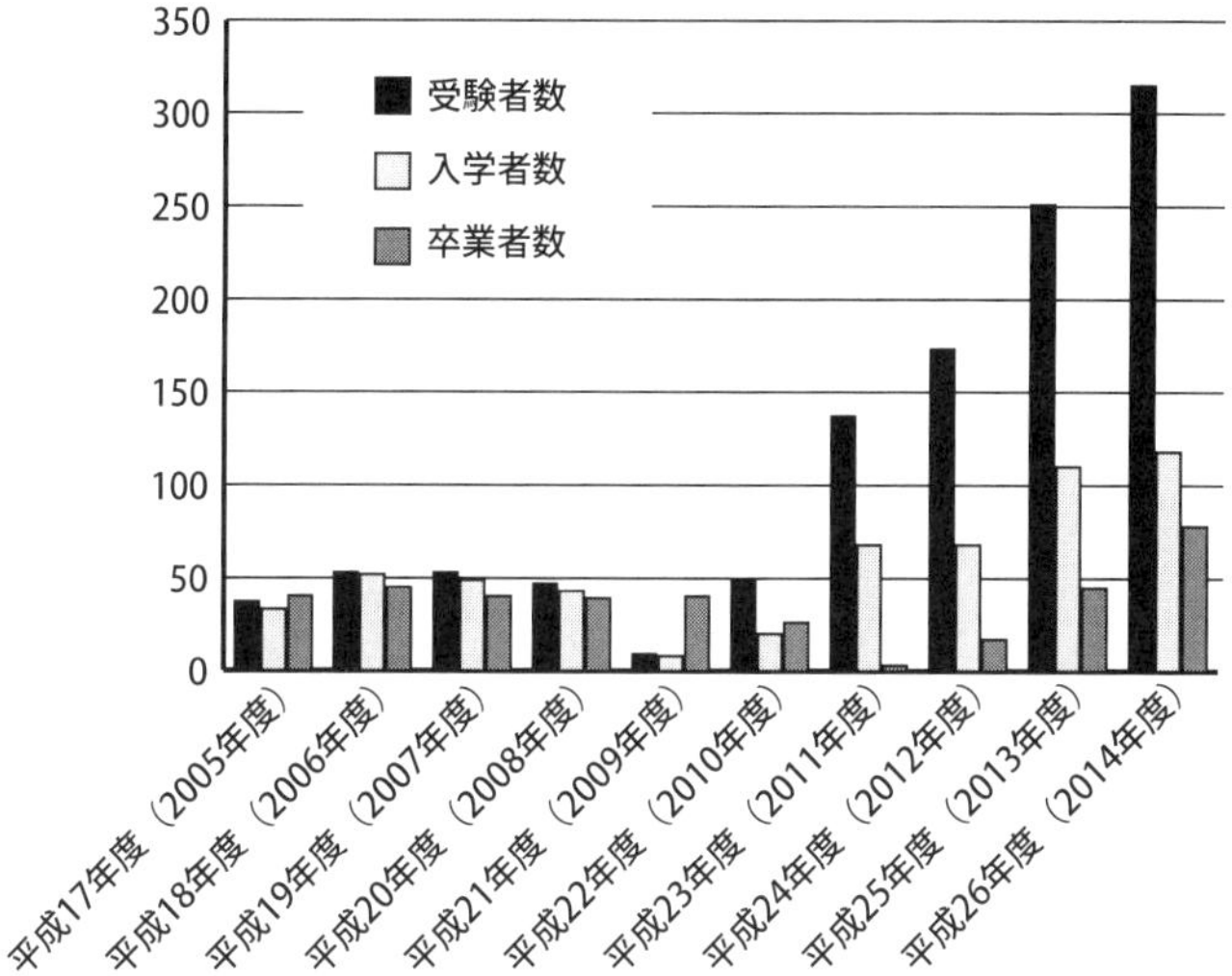

分割で支払われることだ。すでに想定弁済率は、一％にも満たない。六百万円の再生債権であれば、わずか総額六万円を数年で分割して返済されるに過ぎない。要するに、債権のほとんどがカットされる。K社長には、損をしてくださいとお願いしたのだ。

学校を守るためには、関わるすべての人に協力してもらわなければならない。そのためには、これからの若者をどのように教育していくかを明確にして、今後の経営計画を訴えるしか、道は残されていなかった。

民事再生法なんて、私を含め教職員は当然、経験もなければ、知識もない。何をどうすればいいのか？　担当弁護士の家本先生に聞きながら一つひとつ進めていくしかない。限られた人員の中での学校運営、一時は全校生徒数三九名までに減った生徒を増やすための中学校回り、当面の資金繰りや人事管理、さまざまな難問に取り組みながらも、裁判所に提出する今後の経営計画を練り上げた。

平成二三年春、国際開洋高校は菊川南陵高校として装いを改め、またこの年から全寮制を廃して、通学生を受け入れることになった。

ようやく準備を終えて、民事再生法手続きを申請したのは、平成二三年暮れのことだった。

抵当権抹消に大苦戦

すこし話が飛ぶが、平成二五年三月の話だ。

民事再生法の手続きは、分からないことだらけだ。それでも担当弁護士に指示を仰ぎ、一つひとつ粛々と進めていた。

静岡地裁では、月一回の進捗会議（裁判官、書記官、監督員、担当弁護士が参加）がおこなわれた。民事再生法適用の条件として債権者の過半数が同意すること、債権額の過半数の同意があることが必要なことは先に書いた。

債務額の中では、住宅金融支援機構（元金六億円）と日本私立学校振興・共済事業団（元金六億五千万円）が特に大きく、その次がほとんどの一般債務を買い取ってくださった小野和利学園長の一億五千万円だった。

その住宅金融支援機構が民事再生法には同意しない、というより同意できないと言って来た。これでは過半数の同意も厳しいものになる。

実は学園が所有する不動産に、この両社の抵当権が付いていた。当初、一千万円程度あれば、両社の抵当権を外せるだろうと目論んでいたのが間違いだった。
不動産鑑定士に調査を依頼した結果は、住宅金融支援機構の抵当分の不動産評価額は七百六十万円だったが、日本私立学校振興・共済事業団の抵当分の不動産評価額は四千三百二十万円にもなった。合計で、五千八十万円にもなる。当然学園にはそんな現金などあるわけない。

これらの抵当権を外せなければ、民事再生手続きはとん挫してしまう。

日本私立学校振興・共済事業団に分納返済で何度もお願いしたが、一向に聞き入れてもらえない。平成二四年度中に処理してもらえなければ、民事再生法適用は同意できないとまで言われてしまった。しかし、何とか手続きを進めなければ、今まで努力してきたことがすべて無駄になってしまう。

再生計画案では平成二五年度の新入生を八十名と設定したが、百十名の新入生が獲得できた。全職員の努力、地域の人の理解と協力、近隣中学校の理解、応援企業会の協力、多くの債権者の人たちの理解と協力が、予想を上回る生徒を集めてくれた。

ここまで順調に進んで来たのに、学園所有の不動産に付いている抵当権のために躓《つまず》いてしまうのか。四月には、全校生徒数が二二〇名になる。この生徒たちや教職員が路頭に迷うかどうかの瀬戸際だった。

抵当権抹消、民事再生へ大きく踏み出す

何としても、抵当権を抹消しなければならない。そのためには五千万円以上のお金が必要となる。銀行にもお願いしたが、民事再生手続き中である我が校は破綻状態とみなされ、一切融資はできないとの答えだった。

学校債を発行してみてはどうだろうかとも考えたが、期限まで、あと一ヶ月しかない。中期計画などの資料を手に、各企業を回ったが、今はどの企業も青息吐息の状況だ。到底借り入れなど不可能だった。

三月になり、担当弁護士の家本誠先生と共に東京後楽園にある住宅金融支援機構に出向いた。抵当権抹消のための七百六十万円を、来年三月までに支払うと明記した合意書の作

成をお願いしたが、一年先の支払い期日では和解できないと突っぱねられた。もともと民事再生法適用には反対であるため、今の時点では合意書の作成はできないとのことだ。しかし、民事再生法が認可されれば、別除権協定（民事再生手続きがおこなわれても、再生手続き外で分割弁済する方法）には合意しますと言われた。

これでこの抵当権が民事再生の足かせになることがなくなった。

民事再生の監督員から連絡を入れてもらうことにした。合計五千八十万円の抹消金額のうち、七百六十万円は何とか期限の延期ができた。だが、残る日本私立学校振興・共済事業団の四千二百三十万円の担保抹消資金のねん出が迫っていた。

四千二百三十万円なんて金額は、到底不可能だ。三月十四日、ワラにもすがる思いで、三ヶ年の事業計画と再度の請願書を持って東京富士見にある事業団に向かった。

いつもと同じ顔ぶれの、管理室室長、主任、担当者など五名との面談が始まる。現状の学園運営の報告と民事再生手続きの進捗状況を私から報告した。その中で抵当権抹消金額はいまだに支度できていないことも報告した。

突然、「菊地理事長、この金額は、あなた方が調査して弾き出した金額ですよ。幾らなら払えるのですか？」と事業団の室長から問われた。幾らなら払えるかと聞くことは、減額に応じるということだ。一瞬呆気にとられ、口ごもってしまった。

「アー、はい、低ければ低いほど助かります。次年度の運営資金として少しは繰り越しもしたいので、一千万円であれば間違いなく、今月末にはお支払いできます」と答えた。

「一千万円じゃ手は打てないが、たとえば半額くらいならどうでしょうか？」

半額？　二千万円か。二千万円なら払える。と言うより、当座の資金として小野学園長から追加借入させてもらえる限度額だった。一気に、懸案の難問、抵当権抹消手続きについては、今月末に二千万円の支払いで話がまとまった。

実は二月中旬に、事業団の手配した不動産鑑定士が本校を訪れ、独自に調査していた。もしかしたら、その調査結果が、我が校の依頼した不動産鑑定士の評価を下回っていたのかも知れない。だがすでに当初の鑑定結果、四千二百三十万円で評価額の合意書は締結されていた。

この事業団には、理事長に就任してから数え切れないほど幾度も訪問した。

学校の現状を説明し、計画を説明し続けて来た。やはり幾度も訪問し、誠意をもって説明し続けたことが評価されたのだと思う。

後日談

その後、自宅のある浜松に戻り、信用金庫に向かった。

抵当権抹消のために事業団に返済する学校会計からの二千万円の支出は、次年度に大きく影響する。さらに住宅金融支援機構の担保抹消のための費用、七百六十万円がある。それでなくとも昨年度末、私学の命綱でもある県からの経常費補助金が大きく削減されていた（予定していた金額より一千万円も減額された）。

翌年度からは正常金額に戻すとは言われていたが、民事再生法手続き申請に伴う処置だったらしい。ともかくも、これだけの収入減と巨額の臨時支出があれば、当面の運営資金に支障を来たしかねない。

住宅金融支援機構の担保抹消の費用七百六十万円は、その物件、セミナーハウス（学園所有の住宅）を私個人が、信用金庫から融資を受けて買い取ったことにすれば、当面その資金を心配しなくても済む。早速、融資の申込みをした。

一通りの処理を済ませ、月末に再び私立学校振興・共済事業団に向かった。早めに到着したので、玄関のロビーで待っていた。

iPadを開き、メールチェックをしていたとき、なんと地元静岡県の衆議院議員、宮澤博行先生が玄関から入ってきた。

以前、我が校の民事再生法適用の問題について報告し、真剣に考えていただいていたのは承知していた。だがまさか、直接出向いていただけるとは思っていなかった。

事業団の理事、部長、室長と名刺交換をしていただき、我が校支援のお願いまでしていただいた。

後日、私と日本私立学校振興・共済事業団で新たな合意書を締結した。

民事再生法適用の認可を受けての記者会見

平成二五年八月八日、ようやく民事再生

法適用の認可がなされた。いろいろな制限が外れ、これで間違いなく、健全経営の学園へと再出発できたと考えていいだろう。認可を受けるまでの、長く、胃が痛い日々がやっと終わった。

近隣の公立中学校に訪問し、まずはこの報告をおこなった。

でも世間は、民事再生法の認可って何なのだ？　だからどうしたというのか？　という感じだろう。私は生徒募集のためには、一回でも多く中学校に営業訪問することが大切であると考えている。書面で関係各位に郵送すれば簡単だろうが、これも近隣の中学校を訪問できる大きなきっかけであると思った。

すべての中学校を訪問した。訪問する際には、本校在学中の生徒のそれぞれの母校に、その生徒のカルテと写真を添付した資料を持参した。

おそらくどの高校もこんなことはやっていないだろう。私学高校が民事再生法を適用したことは、相当なインパクトである。どちらも大きな営業材料だ。

今後の教育方針、経営方針を述べ、民事再生法の説明をした。

どの中学校の校長も、真剣に私の話に耳を傾けてくれた。

第七章

問題があるから、私たちの使命もある

すでに我が校は、落ちこぼれや問題児だけの高校ではなくなった。大学受験を目指す生徒も増え、就職率もほぼ百%、スポーツでは強豪校となりつつある。卒業生が自分の出身校を声高らかに自慢して言える学校になった。この学校を変えたのは生徒たち自身だったと幾度も述べて来た。

他校の現状も見ながら、高校教育の問題点を探ってみる。

毎年、転入生が入って来る

本年度も終わろうとするとき、毎年のことながら公立高校からの転入希望の相談が飛び込んでくる。今年も数件あり、三名の生徒が転入してくることになった。

静岡県はもともと、他の都道府県に比べても、公立志向が非常に強い県だった。そこに公立高校授業料無償化ということで拍車がかかった。中学校の教職員も保護者も、是が非でも公立高校へ進学させたいと考える。子供たちもまた、それが当然と考え、公立高校への進学を希望する。

三月上旬に公立高校の入試が終わり、欠員補充のために、三月下旬に再募集をおこなうシステムが取られている。

当然、再募集で受験する生徒は、その年の一般受験に失敗した生徒であり、一般合格者に比べ学力が低い場合が多い。背伸びして、ギリギリで合格した生徒たちだ。

そのような事情もあり、今年転入予定の三名の生徒たちは、学力不振で留年が確定し、体裁を考えて退学を余儀なくされたようだ。

何かがおかしいと思う。公立高校が再募集までして新入生を獲得するのであれば、その生徒の学力を上げ、一般合格者に追いつけるように指導すべきではないだろうか。勉強するのは本人の問題と、入学させるだけで指導せず、挙句の果ては無責任に、学力不振だからと留年処置をおこなうのなら、最初から入学させなければいい。出発点での学力差を無視して授業を進めれば、遅れてきた生徒たちはますます置いていかれることになる。やがて学力不振による留年となるが、留年処置を受けた生徒は、体裁を考えて退学してしまう。それもそのときには、勉強する意欲も、わずかばかりの自信も、粉々に砕けている。

子供たちは、日本の宝である。学力だけで評価することは非常に問題でもあるし、まして学ぶ意欲さえ奪ってし

まうようでは、教育者と言えるのだろうか？　学力不振は、教育者としての私たち自身の責任ではないのだろうか。

現実は、想像以上に凄まじかった

文部科学省が毎年公表している統計資料を垣間見てみよう。

表②は、高等学校の中途退学者数の推移だ。平成八年以降、退学者数が大幅に減っているとはいえ、少子化による高校生の絶対数減少によるところが多い。学校もまた、定員割れを避けるために、多少問題があっても黙認するという傾向にある。

それでもまだ、中途退学を余儀なくされる生徒は、後を絶たない。全国では五一、七八一名にも及ぶ。我が静岡県で

図①　退学の理由

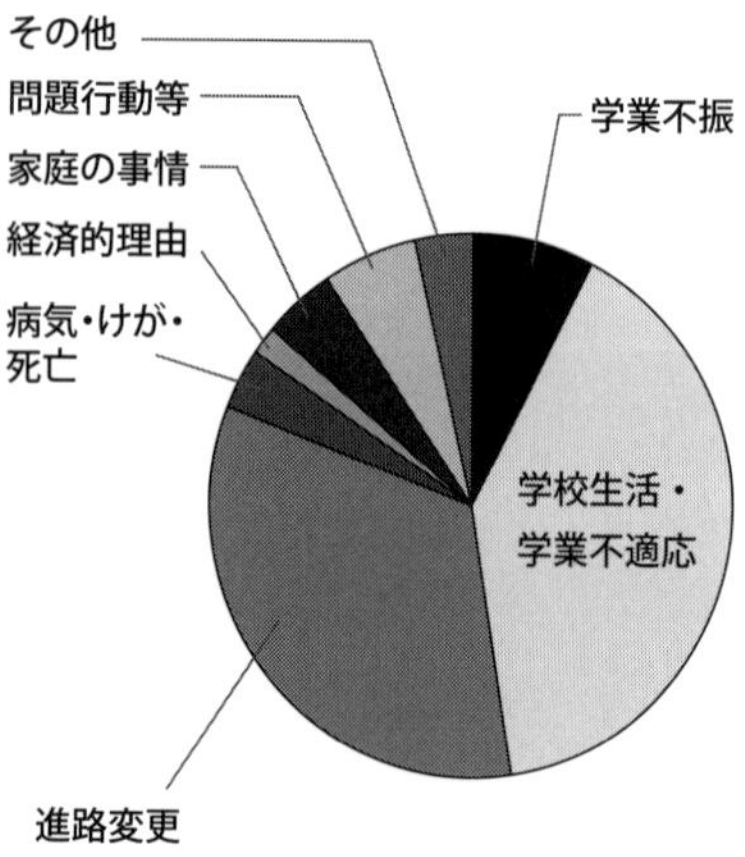

表③　都道府県別中途退学者数

	退学者数	退学率
北海道	2,209	1.6%
青森	515	1.3%
岩手	454	1.2%
宮城	1,212	1.9%
秋田	348	1.2%
山形	418	1.3%
福島	598	1.0%
茨城	1,008	1.3%
栃木	975	1.8%
群馬	797	1.5%
埼玉	2,665	1.5%
千葉	2,002	1.3%
東京	5,290	1.7%
神奈川	2,956	1.5%
新潟	805	1.2%
富山	400	1.4%
石川	487	1.5%
福井	357	1.5%
山梨	389	1.4%
長野	677	1.1%
岐阜	714	1.2%
静岡	1,369	1.4%
愛知	2,780	1.4%
三重	738	1.5%
滋賀	578	1.5%
京都	1,156	1.6%
大阪	4,959	2.1%
兵庫	2,207	1.5%
奈良	555	1.4%
和歌山	530	1.8%
鳥取	274	1.7%
島根	229	1.2%
岡山	886	1.6%
広島	1,330	1.8%
山口	400	1.1%
徳島	273	1.3%
香川	346	1.3%
愛媛	572	1.5%
高知	448	2.2%
福岡	2,264	1.7%
佐賀	363	1.4%
長崎	661	1.6%
熊本	846	1.7%
大分	535	1.6%
宮崎	567	1.7%
鹿児島	737	1.5%
沖縄	902	1.9%
合計	51,781	1.5%

表②　高校における中途退学者数

	公立	私立	計	退学率
昭和57年	65,314	40,727	106,041	2.3%
昭和58年	67,932	43,599	111,531	2.4%
昭和59年	67,009	42,151	109,160	2.2%
昭和60年	72,086	42,748	114,834	2.2%
昭和61年	73,176	40,762	113,938	2.2%
昭和62年	73,127	40,230	113,357	2.1%
昭和63年	75,791	40,826	116,617	2.1%
平成元年	81,332	41,737	123,069	2.2%
平成2年	82,746	82,846	165,592	2.2%
平成3年	76,684	36,249	112,933	2.1%
平成4年	68,822	32,372	101,194	1.9%
平成5年	63,428	30,637	94,065	1.9%
平成6年	64,229	32,172	96,401	2.0%
平成7年	64,431	33,748	98,179	2.1%
平成8年	73,736	38,414	112,150	2.5%
平成9年	73,654	37,837	111,491	2.6%
平成10年	73,474	37,898	111,372	2.6%
平成11年	70,554	36,024	106,578	2.5%
平成12年	73,258	35,893	109,151	2.6%
平成13年	70,528	34,366	104,894	2.6%
平成14年	60,633	28,776	89,409	2.3%
平成15年	55,668	26,131	81,799	2.2%
平成16年	53,261	24,636	77,897	2.1%
平成17年	53,170	23,523	76,693	2.1%
平成18年	53,295	23,732	77,027	2.2%
平成19年	50,574	22,280	72,854	2.1%
平成20年	45,794	20,449	66,243	2.0%
平成21年	39,464	17,484	56,948	1.7%
平成22年	38,415	17,000	55,415	1.6%
平成23年	37,539	16,330	53,869	1.6%
平成24年	36,006	15,775	51,781	1.5%

も、一、三六九人もの生徒が退学に追い込まれている。（表③）

その退学理由を、文部科学省の資料を基に、円グラフに示した。病気や怪我、死亡などはやむを得ないにしても、学業不振や学校生活・学業不適応など、その大半は学校側の努力で改善できる要素を含んでいる。

将来を夢見て、せっかく高校に入学できたのに、彼らは退学することで最終学歴が中学卒になってしまうのだ。

たとえば、背伸びをしてギリギリで合格したものの、赤点を取り、留年、退学するのであれば、まずはその子に合った学力でも学習できる高校に、転入すればいいのではなかろうか。

だが、留年、退学を言い渡す公立高校の教職員の中で、転校を勧める先生たちはほとんどいない。我が校への転入を希望する生徒の、そのほぼ全員が、私の知人の紹介か、私の講演を聞いた父兄の勧めによるものだ。

たまたま我が校の存在を知って転入できたからいいようなものの、もし知らないまま、転入しないままだとしたら、彼ら生徒たちの人生はどのようになってしまうのだろうか。

できることを目標に

私は三名の転校生と、個々に面接をした。

三名共に、前の学校でも、授業をサボることもなく、毎日登校していたようである。問題行動はまったくなかったようだし、ごく普通の高校生だった。

面接の初めは、下を向いてうなだれていた。

「将来、何をしたいのか?」と問うと、「特に考えていない」との答えが返ってきた。

「高校を落第したので、働きに出ようと思う」、「通信制高校にでも行こうかなと思っています」と言う。三名とも、ほぼ同じ返事が返ってきた。

高校退学イコール働く、あるいは通信制高校へ行くと、単なる誰かが選んだ道が通常と思っている。

「中学を卒業するときに、なぜ全日制の高校への進学を考えて入学したのか?」

元に戻って考えてみよう。中学時代に勉強をやらず、やる意欲が湧かずに学力不振になり、かろうじて高校に進学しても、何となく同じ生活を続けてしまって、今の結果になってしまったのではないだろうか?

であれば、今からでも遅くない。環境を変えて、少しずつ努力してみたらどうかな?そのような話をした。

落ちこぼれだった私自身の過去の話もしてみた。三人とも真剣に私の話に耳を傾けてくれた。

これはいつも言い続けていることだが、零点しか取れない生徒に80点取りなさいと言ったら、その瞬間に「無理」と諦めてしまう。

一科目でいいから10点取ろうよと目標を思い切って下げてみる。全員が「それならできます」と答えるに決まっている。

この子たちは、留年、退学と大きな仕打ちを受け、心は完全に落ち込んでいる。大人が会社で、業績が悪くて解雇されたのと同じではないか。だからと言って、業績が悪いからと即座に解雇したら、労働基準監督官は黙っていないだろう。

高校生だったらいいのか？　留年や退学は、不当差別や解雇に等しい。まして思春期にあり、これから社会人になろうと努力している若者に、その仕打ちはないだろうと思う。

三人の生徒たちは、清々しい笑顔で、大きな声で「もう一度頑張ります。ありがとうございます」と挨拶して出て行った。彼らのやる気のスイッチが入ったような気がした。子供たちは、大人の言葉一つで大きく変わる。今年の転入生たちも、イキイキと残りの高校生活の時期を過ごしてくれるだろう。

まだ春休みは、続いていた。

二〇名ほどの生徒が補習、補講のために学校に通って来ていた。

一人ひとりに声をかけ、教員たちには一人も留年させるなと言い回った。

体罰がもたらすもの

同時に多くの生徒を預かる教育指導者は、ともすれば短時間でその場の結果を求める傾向がある。それが「体罰」という手段に繋がっているように思う。

それでは、体罰を受けた生徒の心の中はどうだろう。

「この野郎」、「ふざけやがって、後でみてろよ」、「殴られたくないから、この場は従っておこう」、「仕方ない、今は我慢しよう」、「大嫌いだ、こんなヤツ」、「やり返したら退学になるしなー」「謝ればいいんだろ、謝れば」……。

おそらくこのように思っているに違いない。

体罰のほとんどは、強い者が弱い者におこなう行為だ。それも立場上の優位さによるものだ。おまけに生徒の中でも、限られた子供だけが受けてしまうことが多い。まさにイジメと同じだ。教育指導者によるイジメ以外の何ものでもない。

威圧的に抑え込み、その場では子供たちが規律を守ったとしても、その怖い教師がいなくなれば必ず元に戻ってしまう。いや、以前以上に反発する可能性がある。

その子供のためでなく、教師のために、あるいは親のために、優等生になれと言ってい

るようなものだ。

規律を守らせるための手段は、大きく分けて二つある。

一つ目は、威圧的に抑え込み、恐怖心を植え付けて規律を守らせる方法だ。まさに軍隊式、ともすれば不本意ながら体育会式とも呼ばれる。(私はスポーツの世界こそ、このような威圧的な方法はそぐわないと思っている)

威圧的に抑え込むには、教師が怖い存在であれば容易で時間も掛からないが、形だけの従属となり、その場限りのものとなってしまう。

二つ目は、なぜ規律を守り、覇気のある挨拶・返事をし、運動・勉学に取り組まなければならないのかを具体的に教え、夢、目標、目的、志を持たせる方法だ。もちろん今の時代、非常に時間が掛かり、根気のいる教育である。綺麗ごとのようだが、この二つ目の根気のいる仕事こそが、教育というものの本質であると思う。

一つ目の手段を肯定するなら、そもそも学校には存在価値がなくなる。単なる学習塾で事足りてしまう。社会に通用する人材を育成するためには、生徒自身が自ら考え、どうあるべきかを判断する習慣を身に付けさせなければならない。

その導き手こそが、学校の教職員の大きな役割りだ。

いい子、悪い子。できる子、できない子

とかく大人は、優秀な子供には「いい子だ、いい子だ」と褒め称え、学業成績が悪かったり、規律を乱す子供には、「なぜできないんだ」「なぜそんなことをするんだ」と叱ることが多い。

学校の先生でも、自分の担当した生徒が東大に合格したら「俺の教え子だ」と自慢げに話すだろう。そんな生徒は、誰が教育しても東大に合格できる。

教え子が、誰もが知る一流の人間になっていたとしても、それは教師の力ではなく、本人の努力に寄るところが大きい。

ただ、教職が聖職とも呼ばれていたのには、それなりの訳がある。

子供たちの転機となるようなきっかけを与え、やる気を起こさせるのも教師だからだ。努力するのは子供たち自身だが、ヒントを与え、進むべき道を指し示すのは、教師の仕事だ。

すでに自分の進むべき方向を見定め、夢に向かって進み始めた子供たちは、温かく見守るしか、やることはない。

不登校だった子供や、グレていた子供、悩んでいる子供たちを多く受け入れて来た我が校だからこそ、教師のやるべきことは山ほどある。教師冥利に尽きる仕事があると思っている。

私の指導する空手道場で、こんなことがあった。

道場生の海斗君は、小学校低学年で空手の魅力に取り憑《つ》かれ、幼いながらも心の中に、強くなりたい、チャンピオンになりたいという志があった。

稽古も休まず毎日一人だけ空手着がびしょ濡れになるまで汗をかいて、力一杯努力していた。当然、地域の大会は、ほとんどが優勝と、素晴らしい模範生だ。

ある年の静岡県大会のときのことだ。私は審判員をしており、道場生の戦い振りを見ることができなかった。指導員の一人に、「海斗はどうだった?」と聞いてみた。海斗は当然優勝しているだろうと思っていた。

指導員の答えは、やはり「初戦からすべて一本勝ちで、決勝戦も上段蹴りで勝ちました」。

「勇太はどうだった?」

勇太は普段の稽古も力が入らず、大会で一度も勝ったことのない子だ。

「見ていません。一回戦で負けたようです」

やはり思ったとおりの答えが返って来た。聞かなくても結果は分かっていた。

優勝候補の海斗に付き添ってアドバイスを送るより、勝てない勇太に付き添って声を掛け、励ますのが本当の指導者ではないだろうか？


実は私は、先回りして、勇太が一回戦で戦うコートの先輩審判員にお願いしていた。

「あの選手は私の道場生です。おそらく一回戦で負けると思いますが、先生、終わったら一言、声を掛けてやってください」

勇太は完敗だったようだが、「君はいい立ち方をしているね。きっと強くなれるよ」と、その先輩は勇太に声を掛けてくれたようだ。

戻ってきた勇太がニコニコして、「先生、あの先生が……って言ってたよ」。

「本当か？　あの先生は凄く強かった人だよ。あの先生に声を掛けられたって凄いなー」

一回戦で完敗だったのに、勇太は嬉しそうだった。

次の日の稽古から、勇太は一番前の真ん中に来て、力一杯頑張るようになった。みるみる上達し、昇段審査も一発で合格した。二年後の県大会、組手の部で見事に優勝した。


子供はやる気一つで、ドンドン変わっていく。

もし、勇太の稽古態度が悪いままで、指導者が怒鳴ったり、叩いたりと、威圧的な指導をしていたらどうだっただろう？　おそらく、空手をやめてしまっただろう。成長することは、なかっただろう。

いい方向に変えるのが、私たち指導者の役割りだ。

指導者の態度、行動、言動が子供たちの将来を、大きく変えてしまう。

第八章

先生と生徒と、監督・コーチと生徒と

生徒たちは教職員を見ている。尊敬できる教職員であれば、その教職員に付いて行く。教職員の質の向上は学園の存在価値そのものだ。さらに充実した高校生活を送らせるためには部活動が欠かせない。共通の目的をもって仲間同士助け合う部活動にこそ、高校教育の真髄があるように思えてならない。そのためには、信頼と尊敬を集められる監督を招へいすることが急務だった。

平野先生と出会う

私学学校には、理事会、評議員会のほかに、学校評価委員会の設置が義務付けられている。適切に学校運営がなされているかを客観的に評価するための、第三者委員会である。

地元のいろんな分野の方に就任していただく意味で、公立の元校長経験者の方二名にもお願いした。その一人が、平野豊先生だった。

平野先生は、公立の小学校、中学校の校長を歴任し、校長会の役員を務め、さらには地元の幼稚園の園長に就任。退職後は、不登校児のために自らフリースクールを立ち上げておられた。このフリースクールから本校に入学したのが、ＭＲさんだった。

平野先生は、教え子が入学する菊川南陵高校が心配だったのだろう。こんな事情から評価委員を受けていただいた。

学校評価委員会の会議では、しょっぱなから非常に厳しい意見をいただくことになる。
「掃除もロクにできていない。掃除ができずに、なにが教育なんだ！」などなど。

ビシビシと私たちに叱責が飛んできた。
ところが翌日、気が付けば朝早くから一人で、校舎の周りや校外のゴミ拾いをやってお
られる姿を見かけた。

私は、学力不振な生徒や不登校生徒を受け入れ、これを他校には真似のできない本校の
特長にしようと考えていた。そんなときに登場されたのが平野先生だ。
学力不振な生徒や不登校生徒の指導には、平野先生の協力は欠かせない。平野先生をお
いて、ほかには適任者など考えられなかった。
MRさんが入学する平成二四年四月から、平野先生には非常勤講師として、本校の学力
不振な生徒に特別指導をお願いした。

ちょうどこの年に、第四章に書いたN女史たちの造反劇があった。N女史解任のあと、
すべての責任は私自身にあると思い、私が理事長兼校長に就任していた。
校名を菊川南陵高校に変え、民事再生手続きへの準備も大詰めを迎えていた。そんな折
も折の校長兼務である。大変さは言うまでもない。

また、学園経営の立場と、教育現場の立場が異なることも言うまでもない。自己矛盾を抱えながら、日々悩んでいた。

「平野先生も考えてください。だれがこの学園の校長に適任か？」

「平野先生しかいませんよ。お分かりでしょう？」

年度が終わるころ、思い切って平野先生にお願いした。

七四歳になる平野先生に、過酷な状況が目に見えている本校の校長先生をお願いすることには、私にも一抹の躊躇《ちゅうちょ》があった。それでも平野先生以上の適任者は考えられない。

日一日と過ぎていくが、平野先生から承諾がもらえない。

当然だと思う。まだ菊川南陵高校は、再建の緒に就いたばかりだ。抱えている難問の多さに、私自身が翻弄《ほんろう》されている状態だ。そんな折の校長就任なんて、下手すれば平野先生の輝かしい経歴を台無しにしかねない。

「再生するこの時期が、一番大事ですよね」

「私と一緒に、不登校生徒、学力不振生徒を何とかしましょう」

「先生しかいません」「お願いします」「お願いします」

平野先生から返事をいただいたのは、二五年度の入学式の二日前だった。
緊急に理事会、評議員会を開催して、校長就任となった。

その後、各中学校に、理事長の私と平野校長のコンビで、幾度も新入生募集のための挨拶に出向くことになる。

そこで驚かされたのが、近隣の十四中学校のうち、多くの学校の校長先生が、平野校長先生の教え子だったり後輩だった。我が校の評価が一変したのは言うまでもない。

不登校生徒とヤンチャ小僧

不登校児のために、平野先生がフリースクールをやっておられたことは紹介した。平野先生が我が校の評価委員を引き受けられ、学力不振の生徒のための非常勤講師を引き受けていただき、あまつさえ校長の重責までもお引き受けいただくキッカケになったのが、MRという少女に端を発していたことは先に書いた。

MRは中学時代、友人とのトラブルなどにより、学校に通えなくなってしまった。本校に入学した当時は、大勢の生徒の中に入るのが怖いと何度も泣いていた。吉田亜樹先生がいつもそばにいて励まし指導した。中学時代の恩師である鈴木万里子先生（不登校学級担当）にもお願いし、本学園の職員となっていただいた。

一年生のときは毎日毎日努力して、勇気を出して学校に通ってきたのだろう。二年生になると、だいぶ学園生活にも慣れて。笑顔が見られるようになった。

もともと学力は良かった彼女だったので、このときから亜樹先生の推薦で、生徒会役員に抜擢された。それでも、生徒会役員の責任に重圧を感じ、校舎の片隅で泣いていることも多々あった。

学力はメキメキと上がり、二学年ではトップにまでなった。不登校生徒だったのに学力が高いということは相当なものだ。自学自習で学力を維持しているのだから、通常クラスの授業を受ければ、学力アップは間違いなかった。

三年になり、生徒会の副会長になった彼女は、今や学園全体のリーダーだった。

武田鉄矢の未公開映画を地域で上映するプロジェクトを立ち上げ、彼女が中心となって会場を取り、集客、プロダクションとの打合せと、本学園の学園祭と同時にも関わらず、これを難なくこなして、当日の集客は三百名を超える大成功をなしとげた。

進路を選択する時期に、彼女は相当悩んだようだ。

私たち教職員に、「私は大学に進学して、将来は教員として、ここ菊川南陵高校に戻り、不登校生徒のために教壇に立ちます」と、ハキハキと頼もしく自分の目標を訴えた。見事に希望する大学に合格し、卒業式には素晴らしい答辞を読み上げた。


一方で、ＡＳという生徒がいた。ＭＲと同じ中学からの入学生で、ＭＲとは対照的なヤンチャ小僧だった。当初、ＭＲはこのＡＳが怖くてたまらなかったようだ。

ヤンチャ小僧は、正義の味方だった

ＡＳは地元では相当なワルの評価を得ていた。中学時代は、タバコは吸う、無免許でオートバイは乗り回す、そこらじゅうでケンカ三昧だったようだ。しかしこんな子でも、一人でも多くの生徒を確保したい一心で、入学許可となった。

ＡＳは入学したが、一学期、授業はまったく出席しなかった。休み時間に現れ、仲間と大声を出して騒いでいた。授業開始のチャイムと同時に学校を飛び出し、茶畑でひっくり返り、タバコを吸っていた。

二年時にＡＳが、母親と担任の三人で、保護者会室で神妙な顔をしてうつむいていた。たまたま私が廊下を通りかかり声を掛けると、幾度もの規則違反で退学を勧告されていたのだ。ＡＳは私に、「オレは、この学校が大好きです。理事長お願いです。何とかしてください」と言ってきた。

担任の先生や母親に席を外してもらい、二人で話をした。

「私はこの学校を再建するために理事長になった。学校をブランドにしたい。私と一緒に学校再生をしてくれんか?」と、話しかけた。

「オレ、何をすればいいですか?」

「すべての授業に出席しろ。まずはそれからだ」

ASの目は、素直に見えた。私は職員会議に出席し、退学を解除した。

これは公平ではなかったかもしれないが、私の目標は退学者ゼロである。

その日からASは、約束通り毎回授業に出席した。基礎学力に欠ける彼は、毎回の授業で座っていることは相当辛かっただろう。

我が校には、不登校生徒のために『燦々《さんさん》ルーム』という特別教室がある。一般クラスで疲れてしまった不登校生徒が学習する教室である。

燦々ルームにて

ＡＳが持って来てくれた

さらに我が校には現在、中学校時、長期欠席者が五七名も在籍している。このほとんどの生徒は一般クラスで学習ができるようになってきた。それでも一部の生徒が、この燦々ルームに頼っている。（中学校時不登校だった生徒が、毎日登校できるようになる高校は珍しいと思う）

この燦々ルームに、少々ヤンチャな生徒が、休み時間にチョッカイを出しにやってくる。

「お前たち、自分のクラスに戻れ」

ＡＳの一喝でヤンチャな生徒たちはクラスへ戻り、心の弱い生徒たちは安心して燦々ルームに通うことができるようになった。

ＭＲが生徒会役員をこなせたのも、ＡＳのお陰だったと卒業式のときにＭＲから聞かされた。

二六年に、この子たちは胸を張って卒業して行った。ＡＳは何を間違ったのか（失礼）、公務員に内定した。

二六年六月のある日、事務室にバケツが五個と雑巾が数十枚置かれていた。

「どうしたんだ？　これ」と事務員に問うと、ＡＳが、給料が入ったからと持ってきたらしい。「どうせ、この学校は金がないんだろう」と、捨て台詞を吐いて置いて行ったらしい。

不登校もヤンチャも、みんな可愛い

当初は、なんとか生徒数を確保したいという思いから、学力不振の生徒や、不登校だった生徒や、ヤンチャな生徒たちを受け入れた経緯もある。

それがヒョウタンから駒というか、今では本校の「売り」として、不登校、学力不振、非行への適切な対応が評価されている。

優秀なスタッフが揃った。

平野豊先生を中心に、この子たちをどのように教育するかが、我が校にとって今後の大きな問題であり、他校に負けない大きな特色になって行くことは間違いない。

平成二五年度、百十一名の新入生が入学し、一年生四クラス、二年生が二クラス、三年生が二クラスと賑やかになった。実は、新入生の中には、先に述べたように中学校時不登校生徒が十八名いた。

私の知人でカウンセラーの鈴木かおる先生に相談をすると、早々に菊田千秋先生、中村真先生、小山久江先生の三人のカウンセラーの先生たちが学校に駆け付けてくれた。地元の不登校学級担当の鈴木万里子先生も、平野先生の一声で招集された。

このメンバーが学校役員室に集まり、会議がおこなわれた。それぞれが今後の不登校学級についての意気込みと手法を述べた。

平野先生と鈴木万里子先生は、実際に中学校の不登校生徒に携わり、その実体験を含め今後の体制作りを話された。カウンセラー唯一の男性、中村真先生は医学的観点からアメリカの事例などの話をされた。女性の小山先生と菊田先生は、過去に外国籍の子供教育と企業のカウンセラーをおこなっていたようだ。

通常の学校運営では、間違いなくこの子たちは、途中で元の不登校児になってしまうのではと、懸念が感じられる。どのように退学させずに教育に携わるかを、徹底研究することをお願いした。

本来の、学校のあるべき姿とは

人間は、いろんな経験から成長する。

小さなころから、過保護で外で友だちとも遊ばず、ケンカもしたことのない子は将来、大人になっても、壁に当たったときに、どう対処していいか分からないだろう。

高校生活は、集団の中でのいろんなことがあるから学べる、貴重な機会だと思う。

コミュニケーション力、組織の在り方、他人へ

の思いやりが身に付き、社会人になる基礎を作る大切な時期である。

とかく学校の先生は、問題行動を起こしてしまった生徒に対して、鬼の首を取ったように怒鳴ったり、叩いたり、処分だけを言い渡したり、ときには退学処分にしてしまうことが多い。

これでは事実を追認しているだけに過ぎない。なにも努力していないに等しい。

問題が起きたとき、その生徒に、この経験を踏み台にして、事実を認識させ、大人へと成長させることが私たちの役目である。

我が校では、ｉＰａｄを全校生徒に持たせ、授業をおこなっている。

ある生徒のｉＰａｄの画面がひどく割れていた。明らかに誰かに故意に割られている。

たぶんその生徒は、「落として割れてしまいました。すみません」と言うだろう。

確実にいじめか、トラブルであると判断しなくてはならない。ｉＰａｄを割った生徒を捜し出し、事情を聴く。

その場合、たいてい割った相手にのみ処分を言い渡して、ことを済ませてしまうだろう。割られた生徒に、自己防衛、イジメられないためにどうしたらいいかをケアし、割った生徒に対しては、なぜイジメをするのか？　立派な大人になるために、かっこいい大人になるためにと、いろんな話をして反省をさせることが大切である。

ただ、叱り、謹慎処分を言い渡すだけでは、彼は成長しないだろう。その作業がいかに大変で、根気のいるものかは、想像に難くない。

学園内には、被害者も加害者もいない。このようなことがあって、お互いが成長していけばいいのではないだろうか。

もちろん、毅然《きぜん》とした処分が必要なこともある。ただその場合でも、個々の生徒にとって、最善の方法は何なのかを見極める必要がある。

素晴らしい、指導者たち

平成二五年より新任の保健体育の先生として、岡本奈菜先生が就任した。

彼女は帝京大空手道部監督の香川政夫先生（全日本空手道連盟総監督、日本空手松涛連盟主席師範）の紹介で本校に就任した。彼女自身、帝京大空手部女子主将として全日本の覇者であり、二四年、二五年度と日本代表メンバーである。

本校の空手部が一変して変わっていく。生徒の生活態度が別人のように変化していることが明らかだ。三年生の小向恵里香がまさにその一人だった。

恵里香は、中学時代に全国中学生空手道大会で五位入賞の実力だったが、中学時代から生活態度に若干の問題があった。本校の部活も目的が持てず、ほとんど部活動をサボリ、大会当日にドタキャンすることもあった。

岡本先生が就任してからは、一日も休まず部活に取り組んでいる。近隣の小学生との合同練習会でも小学生の面倒をよく見てくれる。

岡本先生が現役の日本代表であることから、自身も生徒と一緒に稽古している姿を見て、恵里香自身も一つの目標を見つけたのだろう。

岡本先生は、空手部以外の生徒にも、積極的に生徒指導をおこなっている。新任の先生でここまでできる先生はなかなかいない。高校、大学と空手道に打ち込み、極めた者の自信だろう。

平成二六年、全国高校選抜空手道大会が静岡県袋井市エコパアリーナで開幕された。静岡県の開催地枠で本校の女子団体型が出場することになり、初日の試合、相手は優勝候補の華頂女子高校（京都）。0—5で初戦を敗退した。しかし負けたとはいえ素晴らしい団体型を演じ、私は満足した。

本校のメンバーは全員一年生。本校始まって以来の全国大会出場に、部員一同一生懸命努力していた姿を見ていたからだ。岡本奈菜先生が空手部の顧問に就任して一年。空手部の生徒がよくここまで成長した。技術だけではなく態度は本校の模範生である。


余談だが、女子の一年生は石川莉生奈、夏賀愛香、山本祐莉の三人。莉生奈と祐莉は、私の兄弟子の道場生。莉生奈は中学時代も空手を続け、地域の大会でもそこそこの活躍をしていたために、他校から勧誘があった生徒だ。何度も何度も勧誘し、本校に入学した。

祐莉は、中学時代はまったく道場から離れていた。兄の山本浩基が一年時に進学校から空手をやるために転校して来たために、本校に入学した。

愛香は、母親がＮＰＯ法人日本空手松涛連盟の支部長だった。しかし、学力が高く、中学の先生に他校を勧められたために、本校への勧誘は苦労した。

男子の一年生部員は、須田和、壁谷峻平の二人。須田和は、兄が国士舘大学空手道部で現在日本代表。中学時代から素行に問題があった。

壁谷峻平は気の弱い優しい子、ハキハキしない性格。

二五年四月から、岡本先生の空手部が心機一転スタート。さすがに現役のナショナルチーム選手が監督だけあり、練習は凄まじかった。

中学時代に道場から離れていた愛香が何度か泣きながら、「辞めたい」と訴えてきた。部員全員で話し合い、愛香の退部を食い止めた。

雨が降ったら、地を固めろ

寮で集団暴力事件が起きた。一人の生徒の顔が顔面骨折で腫れ上がっている。六名の生徒が一名を集団で殴る蹴るの行為をした。

主犯の生徒たちは退学処分になったが、なんと空手部の部員が一名加わっていた。長期謹慎処分を言い渡した。同時に全部活動の活動禁止処分を下した。

せっかくまとまりかけた部の結束が、この一名のために崩れ落ちた。数日後、他校の教員が二名、本校に来校した。内容は、本校の部員一名が他校の生徒を殴り怪我を負わせた。相当ひどく入院するほどだった。

また、暴力事件か！　立て続けに起こった事件に、職員会議の結論は、「該当生徒の退学処分と空手部の廃部又は長期謹慎処分」。

私は一日時間をもらい、翌日全職員に発表した。

「該当生徒は退学させない、私が謹慎期間中預かる。空手部は廃部にも、練習禁止にもしない」

該当生徒を退学にすれば、この子は間違いなくおかしな道に進んでしまう。この子にとって、今の空手部の仲間と共に学ぶことが必要だと強く感じていたからだ。謹慎が開けたら空手部に戻すつもりだった。

「雨降って地固まる。ではなく、雨が降ったら地固めろ」だ。なぜ悪いのか？　反対の立

場に立って考えろ。その場合、どうしたらよかったのか？

寮生全員でミーティングさせた。

空手部は、その二人の生徒を部に戻すのかについても

ミーティングした。

結果、彼らを部に戻したいとの答えであった。であれば、どう反省させるか？　生徒たちに考えさせた。

『彼らの謹慎期間中、一日も欠かさず部員全員が校舎のすべてのトイレ掃除を一緒におこなう』

『挨拶の徹底。毎日理事長室に挨拶に伺う』

このようなことを生活習慣にして、全員が反省するとの答えだった。

《社会で通用する人材の育成》を教育方針の柱にしているからには、この出来事は生徒を変える大きなチャンスになると感じていた。

この日から、私が学園内にいるときは毎日、空手部員全

員が理事長室に挨拶に来るようになった。五分から十分、部員に話をするようにした。当然、私の話を、部員は真剣に聞いている。

君たち空手部は、理事長の右腕だよ。学校改革のために私を手伝ってくれ。これは洗脳といえばそうかも？　その甲斐あってか、空手部全員が素晴らしい挨拶、態度に変身した。技術面でも全員が、頼もしいほど上達しているのが分かる。

サッカーも、競泳も

どうも、空手と野球のことになると、ついつい話が長くなってしまうみたいだ。野球部の活躍や、悲しいけれど報告せざるを得ないさまざまな事件のことは、次章にまとめようと思う。

いま我が校で、急成長を果たしているのは、野球部と空手部だけではない。充実した部活動は、我が校の「売り」の最たるものだ。

そのために私たちができることは、優秀な監督、コーチの招へいだった。一例を挙げてみる。

《サッカー》

平成二四年五月、前年の三月までJリーグの現役プレーヤーだった金澤大将先生を迎えた。金澤先生は、地元静岡県の優秀な進学校を卒業したのち、大学を経てJリーグに進んだ経歴を持つ。本校に来ていただき、体育の先生とサッカー部の顧問に就任していただいた。

彼には平成二六年春、弱冠三〇歳にして菊川南陵高校の校長になってもらった。

彼との出会いは、私の地元の後輩である元日本代表・サッカー解説者の名波浩さんの紹介だった。名波さんには、教員資格を持っていて、Jリーガーを引退した選手を紹介してくれと無理なお願いをしていたのだ。

《競泳》

石川有三先生。バルセロナオリンピック日本代表コーチ。またミャンマー、フィリピン、メキシコで競泳の代表コーチを務めた経験のある先生だ。石川先生の指導の下、すでに全国大会でも活躍できる生徒が育った。

《野球》

野球部は、林総監督、白間、中尾両監督、田中幸雄ヘッドコーチの四名が指導に当たっている。

林総監督は甲子園出場監督、中尾監督は選手時代に三度の甲子園出場経験を持つ。白間監督は後ほど登場する我が校の野球部員、白間飛翔の父親である。

田中幸雄コーチは元プロ野球選手（投手）で、日本ハム時代にはノーヒットノーランを達成している。

部活動を充実させるために、このような優秀なスタッフを揃えることができた。

第九章

野球部が突破口を開いてくれた

私も高校球児だった。旧国際開洋高校が、地域に根差した菊川南陵高校へ生まれ変わるためには、高校野球の活躍が欠かせない、地元の代表として甲子園を目指そうと思っていた。ある日突然、甲子園予選での破竹の進撃が始まる。全校で応援に駆け付けたが、民事再生法下の出来事だ。応援のバス一台を仕立てるにも裁判所の許可がいる。

綺麗ごとだけじゃ済まされない

私が理事長に就任してから、まだ五年目である。

荒れ果てていた学園も、今では生徒たちの笑顔と歓声に満ちている。

たった五年、わずか五年の間の出来事だ。

その間、教師も、職員も、部活の監督や、コーチも、そして何よりも一人ひとりの生徒たちに、多くの泣き笑いがあった。実は、書きたくても書けないことが、この本で紹介した話の数百倍はある。


全校生徒が三十九名しかいなかった学校が、今では三百名を超えるまでになった。たった三名しかいなかった卒業式。昨日のことのように思えてならない。

私にとっても、目の前に押し寄せる怒濤のような難問に、ただただ翻弄《ほんろう》され、それでも我武者羅に立ち向かってきたに過ぎない。

我が校の教職員たちも、私のために火中の栗を拾うことになった小野学園長も、そして私の最高のパートナー、生徒たちも同じだったと思う。日本中の高校が抱える問題が、この学校には凝縮されていた。

私たちは、正面から立ち向かった。この本の編集者さんたちと話したとき、「改革なんて生易《なまやさ》しいもんじゃないですね。まさに革命という言葉が当てはまる」と言われた。

あえて、菊川南陵高校の前身、国際開洋高校の時代の荒れ果てた姿も書いた。その一つひとつを変えてきたともいえるが、生徒たちは毎年入学してきては、毎年巣立っていく。

登校拒否児もいれば、ヤンチャが過ぎる問題児もいる。

問題児がいると、小野学園長は問題を起こした生徒を自宅に引き取り、とことん面倒を見る。そのために家を一軒、新築したほどだ。さすが元悪ガキ代表、大概の生徒は立ち直る。

地域の学校として定着すればするほど、生徒の幅も広がり、他の学校が抱えているような進学指導の課題も覆いかぶさって来る。

あえて、時系列で見てみよう

「菊川南陵高校？　あー、野球部の強い高校ですよね」

一言いわせてもらえば、強いのは野球だけではない。サッカーも、競泳も、空手も、すべてのスポーツに強い。強くなって来た。

だがここでは、みなさんの期待に応える意味で、この四年間の、野球部の歩みを紹介しようと思う。ただお断りしておくが、綺麗ごとだけでは語れない。多くの学校が抱える問題が、すべてフルコースで覆いかぶさっていた。それでも、一歩、また一歩と歩み続けて来た。

私自身、高校野球部出身である。静岡県立島田工業高校出身というより、野球部出身という方が適切なぐらい。高校時代は野球にのめり込んでいた。高卒で就職。そのときも、野球が縁での就職だった。

《平成二三年》

理事長に就任した当初、野球部内ではいろいろな問題があった。そのため翌年の四月には、野球部監督が謹慎処分になってしまった。急きょ私が、夏の甲子園予選の監督を務めざるを得なくなった。

何しろ、はるか何年も前から、野球から離れていた私だ。シートノックが上手くできない。大会前に小野学園長から、「どうだ？　調子は」と聞かれて、「たぶん、一、二回戦で一点差で負けてしまうと思います」としか言いようがなかった。

そのころの野球部員は、私生活がだらしないから、廊下にゴミが落ちていても素通りだった。まだまだそのころの学園は総じて、その程度の段階だった。

こんなことに気が付かない選手は、ランナーを牽制するような細かい作業に気付かない。

案の定、夏の甲子園予選は二回戦で、2―1で敗退した。

もっとも、三年生はエースの岡本真幸のみのチームだった。一、二年生主体のチームとしては、健闘した方だと思う。

謹慎中だった監督が、謹慎明けと同時に退任した。これには、生徒、保護者が大混乱した。新チーム結成と同時に、レギュラーメンバーの数人が退部、退学とガタついてしまった。

小野学園長の紹介で、H氏がユニホームを着て現れ、私との面談が始まった。

「まずは、私生活、学校生活の態度を変えて行きたい。一般生も同様に改革することが野球部の結果に繋がると思っています」

少し若いが、この男に野球部を預けると決めた。

H氏監督のミーティングが幾度もおこなわれていた。

学生寮に入っているほとんどの生徒は、野球部員だった。みるみる学生寮が綺麗になっていく。選手たちもH氏監督に慣れはじめたのか、顔つきが柔らかくなってきた。

《平成二四年》

主力を失った平成二四年春、県大会に駒を進めたが、強豪校の静清高校との初戦では4―3で敗れたものの、痺《しび》れるようなゲームだった。

我が校には、OKという大砲いた。彼は他校からの再入学の一年過年度生だった。高野連の規定では、この年が最後である。一年半だけの公式戦参加だったが、年通算二九本のホームラン本塁打を打ち、静岡県一のスラッガーだ。一回戦ではライトスタンドに、見事なホームランを叩き込んだ。

いよいよ平成二四年夏の甲子園予選が始まった。一回戦三ヶ日高校戦、7―0で快勝。二回戦、浜北西高校戦6―2。三回戦、静岡東高校戦6―0。

ベスト8を賭けた古豪浜松工業高校戦、スタンドは満席、さすが浜松球場での浜松工業高校戦だけあって一塁スタンドも浜松工業高校の応援客だ。

OKを見に来た客も少なくはなかった。久しぶりに手に汗握る攻防で、延長戦に突入したが、結果は3―4、サヨナラ負けだった。

この試合で引退するOKを含め、三年生の主力（SD、白間飛翔、SI、若木健士）が引退した。SD、白間、SIの三人は、大学に進学し、野球を続けることが決まった。

謹慎、部活動停止の決断

本校の野球部にはズバ抜けた選手は一人もいない。言い方を変えれば、どこにも行けない生徒の集まりだ。地元の生徒は、本校を敬遠し、県外からしか生徒は獲得できなかった。

学生寮内で喧嘩をしたり、授業中はほとんどの野球部員が居眠りをしている。言葉使いも悪く、挨拶もできない。

秋の地区予選前、野球部員の素行が悪く、目に余った。一人の部員が学校近くのスーパーマーケットで商品を万引きして、警察から通報があった。当然、高野連には報告した。結果、厳重注意として、活動等の処分はなされなかったが、これをいい機会に、本校の全部活動の活動禁止を発令した。

野球部は地区予選まであと一ヶ月と重要な時期で、顧問や保護者から私の携帯電話に、何本も苦情や活動禁止取下げ依頼の電話があった。私は一切それに応じず、強行した。

野球部の生徒を視聴覚室に集め、彼らができるだけ納得できるように、二時間かけて話した。主将の金子正徳は、ボロボロと泣いていた。彼は昨年、和歌山校を休校する際に静岡校に編入した唯一の生徒だった。

「生活習慣が、強い組織（チーム）を作るんだ。試合に勝つために、練習が必要なのは小さな子供でも分かる。だからと言って、練習のための練習をいくら多くこなしても、レベルは上がらない」

練習する時間がどれほど貴重で、日常生活での気配りが、いかに大切なのかを学習させたかった。

毎日、寮と校舎のすべてを掃除させた。当然、私たち教職員も一緒に掃除に明け暮れた。

この謹慎の期間をいつまで続けるかは、私の判断に委ねられていた。

相変わらず保護者から、「いつまで謹慎なんだ。こんなことでは大会に勝てない」と抗議の電話が殺到した。

私は大会で、一回戦敗退でもいいと思っていた。大会で優勝するよりも、立派な人間になってもらいたい。謹慎を解除したのは大会の三日前だった。

この一ヶ月で、生徒は見違えるほど変わった。

野球部員全員が、落ちているゴミを自然に拾い、ゴミ箱に入れるようになった。

どんな人にも、立ち止まり、大きな声で気持ちのいい挨拶をするようになった。

授業中に居眠りをする生徒は、一人もいなくなった。

大好きな野球を早くやりたい一心で、彼らは毎日、一生懸命掃除した。もし生徒を怒って謹慎処分を言い渡すだけで、清掃を指示して生徒だけでやらせていたらどうだっただろう。おそらく彼らは、愚痴を言い、適当に作業をこなすだけだろう。教職員も一緒になって行動したから、彼らに変化が生まれたのだろうと思う。

謹慎解除初日は、気合が入った、凄まじい迫力のある練習だった。

自然にゴミを拾うこと。常に周囲に目を配り、自分のやるべきことが分かっている。だから守備で、走者がどんな動きをしているか的確に判断ができる。

部員全員で分担し、計画的に清掃をおこなうこと。パートナーの気持ちが分かり、いいチームワークができる。

ゴミを拾えないチームは、ゲームも拾えない。

野球。強豪校への扉

静岡県は、東部地区、中部地区、西部地区に分かれて地区予選をおこなう。その上位八校が県大会に出場できる。本校は西部地区で、甲子園常連校の、浜松商業高校、浜松工業高校、常葉菊川高校など強豪校が揃っている。内心、長期謹慎にしたために、勝てるだろうか？　勝たせたい！　と思いながら見守った。

大会が始まると、一回戦から怒濤の快進撃が始まった。地区大会準優勝。何と、静岡県西部大会で初の準優勝をして、県大会にシード校として駒を進めることとなった。

いくら沢山練習しても、ダラダラしていてはダメだと証明された。

ビックリするような現象が起こった。

学校の事務の電話が数多く鳴り続けている。「明日の試合は、何時からですか?」と、外部のファンからの問い合わせが殺到するようになったのだ。過去に本校では、こんな経験などない。事務員が戸惑っていた。

県大会はシードされているため、二回戦からの戦い。相手高は古豪の静岡商業高校。延長十五回をエースの大井佑樹が投げ抜いた。6―6の引き分け。まさかの翌日再試合となった。大井の疲労はピークである。控えの一年生投手、鈴木は骨折療養中。大井が連投するしかない。二日間で四百球には無理があった。静商高打線につかまり、コールドで敗退した。しかし、生徒たちは何かを掴んで、清々しい顔をしていた。

この年、すべての県大会でベスト16入りを果たした。どの試合でも、緊迫した好ゲームをおこなった我が校が、話題に上がったのは事実だった。

冒頭に書いたように、私はどこへ講演に行っても、「野球部の強い学校ですね」と声を掛けられるようになった。高校野球の宣伝効果は物凄いと、改めて感心した。

その後も野球部員は、近隣の南保育園にボランティアで園児たちの世話に行ったり、市内のお祭りの後片付けに出向いたり、やれることはトコトンおこなった。

《平成二五年》

いよいよ夏の県予選が真近に迫った。生徒たちに聞くと、目標は準々決勝のベスト8と口を揃えて答えた。

昨年春、昨年夏、昨年秋、本年春と県大会四連続でベスト16だったので、ベスト8が壁になっていたのだろう。

「勝てると思わなければ、勝てない。自分たちで勝手な限界を決めちゃだめだ」、「自信を持て。キミたちは野球以外にいろんなことを経験して学んできた」、「必ず甲子園に行けるぞ」と激励した。

夏の予選大会、静岡西高校との一回戦が、私の地元の島田球場で始まった。先発した大井は、安定した素晴らしいピッチングで相手打者を翻弄《ほんろう》した。

四回に相手打者がレフト・センターの前に小フライを打った。レフト井上とセンターのYが物凄い勢いでボールに飛びつき激突した。

二人が空中で「バチーン」と、スタンド全域に響き渡る音を立てた。二人共そのままグランドに倒れ、起き上がることができず、担架で運ばれた。

試合は五回コールドで勝つことができたが、救急車で運ばれたYと井上が気になり、そのまま島田市立病院に駆けつけた。

Yが車椅子に乗り、首に固定器具を付けて、診察室より出てきた。私の顔を見るなり「井上はどこですか？　井上は大丈夫ですか？」と自分のことより井上を心配していた。しばらくして井上が出てきた。井上は衝突した衝撃で若干の記憶喪失になっていた。首と顎が痛いということだが、「大丈夫です」「Yは大丈夫ですか？」とY同様に、自分のことより、仲間を気にしていた。

仲間を気遣う、素晴らしいチームワークができたと感じた。この子たちは必ず甲子園に行くと確信した。

Yは打撲、井上はむち打ちという診断で、学校の寮に母親に連れられて戻った。

学校に戻った二人が寮で食事を摂っていたとき、井上が「先生、顎《あご》が痛くて食事ができません」と訴えてきた。再度総合病院に連れて行ったが、診断は顎の骨折だった。地元の大阪の病院で手術を行うことになり、井上はこの大会から離脱した。

本校の主軸、一番バッターのYと三番バッターの井上の負傷だ。この大会まで、井上は絶好調の仕上がりで、他校からマークされる存在だった。本校にとっては、非常に厳しい試練が待ち構えていた。

井上が退院する予定日は、この大会の決勝戦の前日だった。

ミーティングでは、井上が戻るまで勝ち続ける、負ける訳にはいかないと、より士気が上がった。

二回戦、三回戦と順調に勝ち上がった。野球部の生徒以外も、一つにまとまってきた。本校はようやく全校生徒数二百名に達したが、他の高校から比べれば非常に少ない数だ。夏の大会は、全校応援と強制していた。「なんでオレたちが応援に行かなければならないんだ」と愚痴が聞こえた。

しかしYと井上のファイトある活躍や、選手一丸となって戦っている気持ちが伝わったのか、愚痴を漏らしていた生徒たちも必死で応援するようになった。

生徒数が少ないために、本校にはブラスバンド部がない。毎年、隣の県立小笠高校のブラスバンド部のOBと地元の吹奏楽団のメンバーが、ボランティアで土日の試合に駆けつけてくれていた。

しかしここまで勝つと、平日の試合が続く。相手校はどこも、今はやりの曲などを交えた、素晴らしいブラスバンドの応援だった。我が校は、太鼓と声のみの応援だ。誰もが、声が枯れるまで必死に大きな声で応援しまくった。

ここまで三試合、無失点で勝ち上がり、調子が出て来た、我が校の壁だったベスト8をかけた戦いの相手は、シード校の韮山《にらやま》高校だ。

それでも、大会当初からヒジを痛めていた大井が踏ん張り、9―6と内容的にもまずまずの試合で、本校初のベスト8に進出した。

準々決勝の相手校は、今大会ナンバー1投手の呼び声高い鈴木翔太君を擁する聖隷クリストファー高校だった（鈴木君は引退後にドラフト一位で中日ドラゴンズに入団）。

その前から、彼との対戦を予想し、バッティングマシーンでスピードボールを何度も何度も練習していたこともあり、3―2で接戦をものにした。

ついにベスト4、準決勝進出だ。気もそぞろになって来る。

私はこの試合の翌日から、東京代々木体育館で開催される空手の国際大会の審判員として、東京に向かわなければならなかった。試合終了後、ピッチャーの大井、キャッチャーの金子と一緒に、病院に向かう顧問のH先生の車に便乗して駅まで送ってもらった。

道中、四人で昼食を摂った。

「私は明日から東京なので準決勝は応援に行けない。井上のためにも必ず勝ってくれよ」

二人は口を揃え、「理事長、大丈夫です。必ず勝ちます。決勝戦の応援をお願いします」と心強い答えが返ってきた。

七月二八日、私はワールドカップの審判員として空手の大会に参加していた。試合の合間に速報が届く。1－0で負けている。
九回土壇場で、同点に追い着いた。延長戦だ。気が気ではなく、審判に集中できない。そのことを察して、同じコートでコート長をしていたNPO法人日本空手松涛連盟本部指導員の山口貴史先生が、「菊地先生、少し休憩を取り、確認してき

てください」と声を掛けてくれた。会場外に出て、教員に何度も電話して状況を確認した。九回を終えた時点で、ピッチャーの大井は連投の疲れが出て、球威が落ちていた。延長戦十回から一年生ピッチャーの山川直人に替わった。誰もが予想していない山川の登板に場内はどよめいたようだった。

山川は、私の自宅のある浜松市の中学出身だった。入学を決断するときにいろんなことがあった子だ。秋口ごろから彼の父親と何度も夜中に話し合い、本人に学校に出向かせ、説得した生徒だった。そんな経緯もあって、私は嬉しくて、鳥肌が立つくらいだった。身長は一七〇センチあるかどうかの華奢な身体だ。ホームは美しく、制球力もある。しかし一年生で準決勝という大舞台だ。マウンドに上がった山川の顔は真っ青に緊張していたそうだ。

バックの上級生が山川に声を掛けて盛り上げた。何度も絶体絶命のピンチが彼を襲った。運も味方に、延長十五回に突入。私は秋の県大会、静岡商業との再試合が脳裏を過った。何とか再試合は避けたい。そう願った。

延長十五回、待ちに待った一点をもぎ取った。勝った！　決勝進出！

私の携帯電話が鳴りっぱなしだ。友人から、地元企業の社長から、市議会議員から、県議会議員から、国会議員や市長からもだ。何十本鳴っただろうか？

市議会議員からの電話で、「理事長は今、どこにいるんだ？　大至急菊川市に戻って来てくれ」とのこと。私は大会終了前に、代々木体育館を抜け出し新幹線に乗り込んだ。

掛川駅に到着したのは夜の八時だった。駅の前のホテルへと足早に向かった。新聞社が待っており、早々の取材に対応した。

「どん底からてっぺんに」を合言葉に、生徒たちとの学校生活、部活動に取り組んだ結果であり、決勝進出は当たり前と答えた。

取材の最後に記者から、「明日のセレモニーの時間を教えてください」と質問され、私の口が空いてしまった。

まあ、当然のことながら、こんな経験はないのだから仕方ない。慌てて学校職員に連絡したのが夜の十一時。職員に迎えに来てもらい、学校に到着した。

小野学園長も駆け付けていた。数名の教職員が夜中の十二時から徹夜で、『優勝おめでとう』のセレモニーの準備をしてくれた。

「準優勝おめでとうは、いらないよ」と優勝を信じ、優勝の看板のみの作成を指示した。

翌日の決勝戦では、二名の教員に学校に残っていただき、地域住民へセレモニーのビラ配りをおこなった。

実は決勝戦の相手は、なんと同じ菊川市内の常葉菊川高校だ。確かに常葉菊川高校は甲子園常連校であるが、小さな菊川市には公立高校が一校と私学高校二校しかない。その二校の決勝戦になったため、市内の盛り上がり方は半端ではなかった。

市の広報のアナウンスでも、試合の案内が幾度も放送された。

決勝戦当日は雨の戦いだった。

市の関係者は大忙し。

朝、学校を出発する前には、市長の奥様や市議会議員の方たちが学校に出向き、選手を見送った。球場には副市長、市議会議長が観客席より私を探し、挨拶に来た。

おそらく両校に手分けして、応援に来たのだろう。

一回から、まったく互角の両校の戦いが続く。再三の相手校のファインプレーで得点ができない。0—0で迎えた9回裏、ランナー二塁で、大井が力一杯に直球勝負した。そのボールを常葉菊川の主力打者、大西君にレフトオーバーされ、サヨナラ負けとなった。よりによって、途中からレフトの守備に着いたのが、顎の手術をして戻ってきた井上だった。

「良くやった！」の一言だ。試合が終了し、出口でセレモニーのビラを配った。

学校に戻り、体育館でセレモニーの準備を終え、選手たちを待った。

続々と、応援してくださった一般の方々が学校を訪れた。二百名を超える人たちが選手の準優勝をお祝いしてくれた。

私がこの子たちに感動したのは、どの試合も、試合終了時に相手校のすべての選手、応援の人が帰るまで、一列に並んで頭を下げていたことだ。負けた決勝戦でも同じようにやっていた。

泣いて笑って。笑って泣いて

この日から、どこに行っても、野球

の話題でいっぱいだった。

「菊川南陵高校？　どこにあるんだ？」

校名を変更してまだ三年目、まだまだ認知されていない。

《平成二六年》

昨年本校の野球が静岡大会で準優勝したことは大変な話題であった。地域密着型の私学高校を目指している我々にとっては、非常にありがたい追い風だった。

昨年のレギュラーメンバーが多く残っているチームだけに、期待も大きかった。どこに行っても、「今年も頼むゾ」と声を掛けてくれる地元住民が多かった。

予想どおり、一回戦からコールド勝ち、三回戦まで圧倒的強さで勝ち上がった。

七月二五日、明日ベスト8をかける四回戦を前に、金澤校長からの一本の電話が鳴った。

「明日の四回戦を辞退しなければなりません」

私自身、その日はNPO法人日本空手松涛連盟の全国大会が七月二六、二七日と静岡県開催で、私が事務局の中心であったために会場で準備に追われていた。

出場辞退の内容は、本年の新入生が入学して間もなく、新入生の一部に喫煙による指導がなされ、再三に渡る指導があったのに止めず。三年生のキャプテンがミーティング中に当事者の態度が悪いと、その一年生を殴ってしまったことが理由だった。

運悪く、その一年生の前歯が折れてしまった。この事態に対しては、野球部スタッフが保護者を含めて話し合い、示談したと校長に報告があったのだが、実は示談は成立していなかったらしい。

喫煙の報告は高野連にしたものの、暴力の報告がなされなかった。このことが報告事項の隠ぺいと取られ、重い処分となった。

我が校は、どんな子でも社会に出るための準備とした教育を三年間かけておこなうことが教育方針である。

落ち着いた学園生活を送り、成長し、甲子園を目標に努力して来た三年生たち、思わず殴ってしまった生徒、再三喫煙したとはいえ、殴られた一年生に大変申し訳なく思う。社会に出れば、どんな事態でも、殴ってしまえば犯罪である。教育の中でもっと教えておかなければならなかったと、私自身反省した。

二六日、空手道大会の当日、NPO法人日本空手松涛連盟主席師範である香川政夫先生（帝京大空手道監督、JKFナショナルチーム監督）と田中長剛副会長が、「菊地、すぐに学校に行って来い」とおっしゃってくださったので、学校に向かった。

体育館では、緊急全校集会がおこなわれ、野球部の保護者も同席した。

「悔しいけれど、戦って負けたのも、この辞退も負けだ」

「勝つためには万全な準備が必要だ」

「我が校は、いくら強くても、準備不足だった」

「三年生は、生涯この事態を忘れずに、このことを糧《かて》に社会で勝ち組になってもらいたい」

「悔しい生徒は、大学や社会人で活躍してもらいたい」

「一年生、二年生は、三年生に申し訳ないという気持ちであれば、来年必ず甲子園に出場してほしい。それが、三年生が願っていることだ」

なにを話していいか、戸惑いながら話をした。

●エピローグ●

どこにもない学園を作る

ともすれば空手道の話へとぶれる本書の構成についてはお許し願いたい。

空手道場に通う子供たちは、野球やサッカーを習う子供と違い、内向的な子や虚弱体質の子供が多いのだ。親の、自分の子供を心身共に強くしたいとの願いもあって、多いように思う。

私が、倒産状態の学園の理事長を引き受けたのも、空手道場に通ってくる子供たちを見ていたからかもしれない。

私の指導する道場生にも、中学校の不登校児が多く、その子に「一生懸命空手道に打ち込むことができれば、高校に推薦してあげるよ」と約束して、空手道場に通う数名の不登校生徒を本学園に入学させたことがあった。

私が高校に導いた、中学時に不登校だった六人の子供たちは、今では立派な社会人になり、自立している。私はこのような子供たちを預かってくれた本学園の前身、国際開洋高校に感謝していたので理事長も引き受けたし、空手道教育を生徒全員に教えたいと思っていた。

私は野球を引退した二十歳から空手道を始めて、六段を取得。トーナメントでも勝つことができて、今がある。私が県大会や東海地区大会で優勝できたのは、引退を考える直前の三十一歳のときだった。

悔しい思いも、苦しい思いも、嬉しい思いも、空手を続けていたからこそで、良かったと心から思っている。

我が学園では、空手道を必須科目にしている。彼らは遅くとも十五歳から空手を始めることができる。スタートラインは私なんかより断然有利だよと言い続けている。

私が教える空手道は松涛館流という流派であるが、どんな空手道流派でも武道の精神は同様である。

道場訓の五ヶ条

一．人格完成に務めること
一．努力の精神を養うこと
一．誠の道を守ること
一．礼儀を重んずること
一．血気の勇を戒めること

強い選手を育てるよりも、道場訓を理解させ、人格の完成を目指すことが重要である。

「強くなりたければ、黒帯になりたければ、強い選手の真似をしろ」と話をする。どの競技のスター選手も、謙虚であり、礼儀正しい。指導者の言うことを素直に聞いている選手は、当たり前に強くなっているのが事実である。

内向的な生徒に、三年間で必ず黒帯を取得させ、「やればできる」という自信に繋げていきたい。

学習も同様だと思う。先生の話を真剣に聞くことが礼儀である。授業中に先生の話を真剣に聞くことができれば、成績は上がる。と言いながら私自身、学生時代は授業中に先生の話を真剣に聞くことができなかった。その後悔と反省の上に、今の学園経営がある。

多くの高校、ほとんどすべてと言っていいほどの高校は、学力向上一辺倒でしのぎを削っている。大学進学率を競い、有名大学に何人入ったかが学校の評価につながると信じて疑わない。

改めて、表④を見ていただきたい。文部科学省に報告された中学校における不登校児の推移だ。直近の二三年度だけでも九万四千人を超えている。さらに表②（125頁）でも示したように高校中途退学者は毎年五万人を超えている。これだけ多くの子供たちが、基礎的な学力を得ることなく、見捨てられている。

表④　中学校不登校児童数

14年度	105,383
15年度	102,149
16年度	100,040
17年度	99,578
18年度	103,069
19年度	105,328
20年度	104,153
21年度	100,105
22年度	97,428
23年度	94,836

当然、多くの先生たちがこの現状を憂い、努力されていることも事実だ。

だが余りの問題の多さに圧倒され、時間だけが空しく過ぎ去っている現実も直視する必要がある。


学校教育って何だろう？　最初は生徒数を増やしたい一心から、引き籠りの子供たちやヤンチャが過ぎる子供たちも引き受けた。それが正直、本音だった。

だがわずか四年半とはいえ、我武者羅に学園再生に取り組んだ過程で気付かされたことは、この子供たちに焦点を当てた教育こそが、我が菊川南陵高校の果たすべき社会的責務であるということだった。

あえて、昔は落ちこぼれのヤンチャだった理事長の私と、同じく私以上の落ちこぼれでヤンチャだった小野学園長だから、生徒たちに言える言葉がある。

「今からでも遅くない」

子供たち一人ひとりを見据え、対等の大人同士として語りかけ、共に考えていきたい。

菊川南陵高校が日本一の高校になる日、子供たちがこの学校と出合って良かったと思える高校は、もう目の前にあると思っている。

平成二七年四月